HEDWIG COURTHS-MAHLER

Der Scheingemahl

Hedwig Courths-Mahler

DER SCHEINGEMAHL

Roman

BASTEI LÜBBE

Lizenzausgabe mit freundlicher Genehmigung des
Lichtenberg Verlags, München

Herausgeber: Bastei Verlag Gustav H. Lübbe,
Bergisch Gladbach
Sechste Auflage
Printed in Western Germany 1978
Umschlaggestaltung: Margarethe Sabata
Gesamtherstellung: Ebner, Ulm
ISBN 3-404-05044-4

Erstes Kapitel

»Um mich sollst du dich nicht sorgen, liebe Mutter. Ich finde auch unter diesen traurig veränderten Verhältnissen meinen Weg durchs Leben.«

»Aber wie, mein armer Horst? Denkst du, ich weiß nicht, was es dich gekostet hat, den Abschied von deinem Regiment zu nehmen, von deinen Kameraden, von allem, was dir lieb war? Ich weiß es, was es dich kosten wird, nun plötzlich in einer so ganz anderen Sphäre unterzutauchen.«

»Mußt du es nicht auch können, liebe Mutter? Soll ich schwächer sein als du? Stelle dir meine Lage nicht schlimmer vor, als sie ist. Die größte Sorge, die mir auf dem Herzen lastet, ist die um dich ... daß du darben und dir manches versagen mußt, was dir bisher als selbstverständlich erschien, das ist das bitterste für mich. Leider werde ich nicht sobald in der Lage sein, dir helfen zu können. Erst muß ich mir eine eigene Existenz gründen.«

»An mich sollst du nicht denken, Horst. Ich habe doch gottlob die kleine Rente von Tante Gustava, die sie mir bei ihrem Tode hinterließ. Ohne diese sähe es freilich schlimm für mich aus. Ich glaube, sie hat unsere Verhältnisse besser durchschaut als wir beide, und hat mir durch diese Rente einen Notpfennig sichern wollen.«

Baron Horst Oldenau strich sich das Haar aus der Stirn. Seine grauen Augen blickten starr über die Mutter hinweg.

»Ja, Mutter, Tante Gustava mag schärfer gesehen haben als wir. Aber ist das ein Wunder? Vater hat uns doch nie in seine Vermögensverhältnisse eingeweiht. Er hat uns immer in dem

Glauben gelassen, daß wir in den besten Verhältnissen leben. Erst als alles um ihn her zusammenbrach, sagte er uns die Wahrheit. Und da war es zu spät.«

Die Baronin krampfte mit einem schmerzerfüllten Ausdruck die Hände zusammen.

»Da war es zu spät! Und er brach selbst mit zusammen und ließ uns allein. Aber glaube mir, Horst, es war kein böser Wille von ihm, daß er uns seine Lage verheimlichte. Er wollte uns die Sorgen fernhalten.

Leider hatte er ja Oldenau schon stark verschuldet übernommen von seinem Vater. Und im Anfang konnte er sich — seiner Stellung bei Hofe wegen — nicht so um seinen Besitz kümmern. Dazu kam der Aufwand, den wir in unserer Stellung nötig hatten. Das Herz mag ihm manchmal schwer genug gewesen sein. Als er dann seinen Abschied nahm und selbst Oldenau bewirtschaftete, war es wohl schon zu spät. Diese Erkenntnis hat ihn dann auf das Krankenlager niedergeworfen, und als er nach wenigen Wochen starb, standen wir ahnungslos vor dem Ruin.«

»Ja, ahnungslos! Das ist es eben, Mutter, was ich dem Vater zum Vorwurf machen muß. Ahnungslos ließ er uns bis an den Abgrund laufen. Gewiß, er hat es gut gemeint, aber es war doch unrecht von ihm, daß er uns nicht in seine schwierige Lage einweihte, daß er mir nicht sagte, daß ich eines Tages vor dem Ruin stehen würde. Hätte ich alles gewußt, dann hätte ich mein Leben auf einer ganz anderen Basis aufbauen können. So habe ich sorglos in den Tag hinein gelebt und stehe nun unvorbereitet vor einer neuen Existenzfrage.«

Die Baronin seufzte. »Ja, obwohl es gut gemeint war, es war ein Unrecht von deinem Vater. Aber versuche, ohne Groll an ihn zu denken, er hat selbst Schweres getragen.«

»Ich grolle ihm nicht, liebe Mutter . . . mag er in Frieden ruhen. Gottlob hat der Verkauf von Oldenau wenigstens so viel gebracht, daß wir niemand etwas schuldig geblieben sind, und wir unseren guten Namen rein erhalten haben.

Du wirst dich freilich nun hier in der engen Mietswohnung einrichten und ängstlich mit dem Pfennig rechnen müssen, um mit deiner kleinen Rente auszukommen. Wenn ich dich so vor mir sehe, meine liebe Mutter. Die stolze Herrin von Oldenau in diesem engen niedrigen Zimmer ... Ach Mutter, es ist ein bedrückendes Gefühl für mich, daß ich dir nicht helfen kann. Könnte ich dir doch ein Dasein schaffen, daß deiner würdig ist!«

Begütigend legte die Mutter ihre Hand auf den Arm des Sohnes, und in dem feinen Gesicht der alten Dame zuckte ein bitterer Schmerz.

»Glaube mir, mein Horst, ich würde ganz ruhig und zufrieden sein, wenn ich nur erst wüßte, daß sich für dich eine erträgliche Existenzmöglichkeit gefunden hätte.«

Er küßte ihre Hand.

»Dieser Wunsch wird dir gewiß bald in Erfüllung gehen. Ich habe Aussicht, eine Stellung zu finden.«

Forschend sah sie zu ihm auf.

»Wirklich?«

»Ja, Mutter ... begründete Hoffnung habe ich.«

»Was ist das für eine Stellung?«

Er zog die Stirn ein wenig zusammen.

»Sehr wählerisch darf ich vorläufig nicht sein, das weißt du. Ich muß so schnell wie möglich in die Lage kommen, meinen Unterhalt zu verdienen. Wenn ich dich nicht hätte, liebste Mutter, wäre ich außer Landes gegangen ... irgendwohin in die weite Welt, wo man mit gutem Willen und zwei gesunden Armen und einem leidlich hellen Verstand sein Schicksal meistern kann ... unbehindert durch tausend Rücksichten, die sich hier in Deutschland einem Baron Oldenau wie Klötze an die Füße hängen.«

Sie griff erschrocken nach seiner Hand. »Ach Horst, das wirst du mir nicht antun!«

Er streichelte sanft über ihr ergrautes Haar. »Nein, nein, sei ruhig, ich lasse dich nicht allein! Du verzehrst dich ja sonst vor Sehnsucht nach deinem Einzigen«, sagte er mit gutmütigem Lächeln.

Sie sah zu ihm auf, wie eben nur eine zärtliche Mutter in solchem Fall zu ihrem Sohne aufsieht.

»Mein lieber, lieber Junge! Ich möchte ja sagen: Nimm keine Rücksicht auf mich, ich kann auch eine jahrelange Trennung von dir ertragen, wenn sie zu deinem Besten erforderlich ist. Aber es ist doch überall gleich schwer, mit nichts als gutem Willen und eigener Kraft eine Existenz zu gründen. Es kann dir hier so gut glücken wie draußen in der Welt.

Ein wenig Rücksicht auf deinen guten alten Namen mußt du freilich nehmen, denn ich möchte auch nicht gern, daß du all diese Rücksichten auf Stand und Namen außer acht läßt.«

Wieder strich er über ihr Haar, und ein bitteres Lächeln spielte um seine Lippen. »Soweit es in meiner Macht steht, will ich es nicht tun. Aber in meiner äußerst schwierigen Lage kann ich bestimmt nur eins versprechen: daß ich nie etwas tun werde, worüber ich meine Selbstachtung verliere. Das muß dir genügen, liebe Mutter.«

Sie streichelte seine Hand und sah mit stolz leuchtenden Augen zu ihm auf.

»Dafür kenne ich meinen Jungen! Wenn du auch in jugendlichem Übermut vergangener sorgloser Tage zuweilen wild ins Leben hineingestürmt bist, die Gewißheit habe ich immer, auch damals, gehabt, daß du nie etwas tun würdest, worüber du dich schämen müßtest. Und Gott helfe dir, daß es dir nicht gar zu schwer gemacht wird, ein anständiger, vornehm denkender Mensch zu bleiben.«

Mit ernsten Augen sah er auf sie herab. »Mit den tollen, lustigen Streichen ist es vorbei, wie mit dem sorglosen Leben.

Aber unterkriegen soll mich das Leben nicht. Ich will mich durchsetzen als ehrlicher Mensch . . . so oder so.«

Seine Zähne bissen sich aufeinander, seine Augen blitzten und die Muskeln spannten sich. Er bot einen prachtvollen Anblick in seiner kraftvollen, zielbewußten Männlichkeit. Seine charakteristischen Züge hatten sich in den letzten Monaten voll schwerer Sorge vertieft und gehärtet, und die klugen Augen verrieten, daß in diesem, im Anfang der Dreißig stehenden Mann noch der ganze ungebrochene Jugendmut pulsierte. Die erste große Enttäuschung seines Lebens, die ihn plötzlich zum armen Mann gemacht hatte und ihn vor eine schwierige Aufgabe stellte, hatte ihn wohl gereift, aber nicht gebrochen. Die Baronin konnte mit Recht stolz sein auf ihren Sohn.

»Wir waren von unserem Thema abgekommen, Horst. Du sprachst von einer Stellung, die sich dir bieten würde. Willst du mir Näheres darüber sagen?«

Er richtete sich straff auf. Seine Augen blickten fest und klar in die der Mutter.

»Ja, davon wollte ich dir erzählen. Ich war heute bei Kommerzienrat Preis, dem bekannten Großindustriellen. Es ist nicht leicht, bis in sein Allerheiligstes vorzudringen, aber es gelang mir doch nach einigen Schwierigkeiten. Ich fragte ihn, ob ich in seinem Unternehmen Arbeit und Verdienst finden könne. Es war ein Glücksfall, daß der alte Herr gerade einige Minuten Zeit für mich hatte und guter Laune war . . . Er hörte mich ruhig an und ließ sich von mir erzählen, welche Kenntnisse und Fähigkeiten ich besitze.

Ich merkte, daß ihn meine Persönlichkeit zu interessieren begann. Er fragte nach meinen Verhältnissen, meinem bisherigen Lebenslauf und so weiter. Offen teilte ich ihm mit, daß ich bisher Offizier bei den Xer Dragonern und in der Überzeugung aufgewachsen war, der Sohn eines wohlhabenden Mannes zu sein. Daß ich kein klösterliches und sparsames Leben geführt habe, verhehlte ich ihm so wenig, als daß ich jetzt vor dem Nichts stünde.

Ich berichtete ihm auch, daß ich nach dem Verlust von Oldenau mit dir nach Berlin übergesiedelt bin, weil ich hier am ehesten eine Existenzmöglichkeit zu finden hoffe.«

Die Baronin hatte aufmerksam zugehört. »Und was erwiderte dir der Kommerzienrat?« fragte sie, als Horst nun eine Pause machte.

Er strich sich übers Haar und fuhr dann fort: »Eine Weile sah er mich schweigend und forschend an und fragte dann: ›Sie sind natürlich sicher in den vornehmsten Umgangsformen, haben wohl auch an Ihrem herzoglichen Hofe verkehrt?‹

Ich verneigte mich und bejahte, dann fragte er weiter: ›Und Sie beherrschen die französische und englische Sprache in Wort und Schrift?‹

›Gewiß, Herr Kommerzienrat‹, erwiderte ich.

Da sah er mich wieder eine Weile forschend an und fuhr fort: ›Ich könnte Sie nach allem, was ich jetzt von Ihnen weiß, in meinem Betrieb höchstens als Korrespondent anstellen. Als solcher würden Sie freilich ein Gehalt beziehen, das Ihnen ein Auskommen sichert, aber natürlich könnten Sie damit Ihr bisher gewohntes Leben nicht fortsetzen.‹

Ich antwortete ihm: ›Meine Ansprüche sind bescheiden, Herr Kommerzienrat. Ich weiß, daß ich ein völlig neues Leben anfangen muß. Und aller Anfang ist schwer.‹

Da sah er mich zum drittenmal eine ganze Weile schweigend an, ehe er lächelnd antwortete: ›Sie gefallen mir, und es trifft sich gut, daß ich Ihnen eventuell zu einer besseren und einträglicheren Stellung verhelfen kann, als ich sie Ihnen bieten könnte. Es fragt sich nur, ob Sie diese Stellung annehmen wollen.‹

›Das will ich sicher, wenn ich sie ausfüllen kann‹, bemerkte ich.

›Oh, daran zweifle ich nicht! Jedenfalls können Sie Ihr Glück versuchen. Werden Sie dort, wohin ich Sie senden werde, engagiert, dann ist es gut. Anderenfalls bleibt Ihnen bei mir immer noch eine Anstellung als Korrespondent offen.‹

Ich dankte ihm und bat um nähere Angaben. Da sah er mich lächelnd an: ›Die Stellung, die ich Ihnen in Vorschlag bringen will, ist keine alltägliche. Sie erfordert viel Takt und Delikatesse, ein sicheres Auftreten und beste Umgangsformen.

Ich habe einen Geschäftsfreund, der bis vor kurzem in Amerika lebte. Er ist von Geburt Deutscher, hat sich drüben in Amerika ein Riesenvermögen erworben und will sich nun auf seine alten Tage hier in seinem Vaterland zur Ruhe setzen. Er ist ein Mann von großer Intelligenz und Tüchtigkeit, stammt jedoch aus den einfachsten Arbeiterkreisen — sein Vater war Tagelöhner — und hat sich durch eigene Kraft und bewundernswerten Fleiß zum vielfachen Millionär emporgearbeitet.

In seinem arbeitsreichen Leben hat er nie Zeit gehabt, etwas für seine gesellschaftliche Bildung zu tun. Er ist in seinem Wesen der schlichte Mann aus dem Volke geblieben, doch ist er kein Emporkömmling im bösen Sinne des Wortes. Er besitzt eine Tochter, sein einziges Kind, und diese hat eine erstklassige Erziehung genossen. Dank dieser Erziehung und dem enormen Reichtum ihres Vaters ist sie ganz die große Dame von Welt. Ihr Vater, der sie zärtlich liebt, ist sehr stolz auf sie und wünscht sie auf den Höhen des Lebens zu sehen. Ihretwegen wünscht er nun hier einen Verkehr mit den ersten Kreisen einzuleiten und hat auch schon entsprechende Schritte unternommen.

Aber er spürt sehr wohl, daß er sich in diesen Kreisen nicht so bewegen kann, wie es ihm im Interesse seiner Tochter wünschenswert erscheint. Außerdem wünscht er sehnlichst, daß sich seine Tochter mit einem Manne aus einer der vornehmsten Familien verheiratet. So anspruchslos er für sich selbst ist, mit seiner Tochter will er hoch hinaus. Unter einem Grafen tut er es nicht. Das ist die Tollheit an diesem sonst so vernünftigen Manne.

Er sieht das Glück seiner Tochter darin, daß sie in die höchste Aristokratie hineinheiratet und eines Tages bei Hofe verkehrt. Nun, bei seinem Reichtum wird er dieses Ziel sicher erreichen. Aber er will nun auch dafür sorgen, daß er sich selbst ohne Anstoß in der vornehmen Welt bewegen kann. Nun er in den Ruhestand getreten ist und mehr freie Zeit hat, will er seine gesellschaftlichen Formen aufbessern.

Zu diesem Zweck ist er auf den gar nicht dummen Gedanken gekommen, sich eine Art Erzieher zu engagieren auf seine alten Tage, einen Mann, der vornehme Umgangsformem hat und ihm in jeder Beziehung mit Rat und Tat zur Seite stehen kann. Er soll seine Formfehler korrigieren, ihm Verhaltensmaßregeln geben und ihm alles erklären, was er als Gesellschaftsmensch zu tun und zu lassen hat.‹«

Die Baronin schüttelte den Kopf. »Mein Gott, welch eine Idee!« rief sie erstaunt.

Der Baron lächelte. »Ich kann diese Idee des reichen Mannes gar nicht so absurd finden, liebe Mutter. Des weiteren teilte mir der Kommerzienrat mit, daß Herr Karl Hartmann — so heißt der Millionär — sich in Grunewald eine prachtvolle Villa hat bauen lassen, die mehr einem Palast gleicht. Er will dort ein großes Haus führen. Den Kommerzienrat hat er gebeten, ihm eine Persönlichkeit ausfindig zu machen, die zugleich als sein Sekretär und sein Erzieher fungieren soll. Natürlich darf das Amt des Erziehers in keiner Weise betont oder nur erwähnt werden.

Der Kommerzienrat fragte mich, ob ich mich eventuell entschließen könnte, das Amt anzutreten. Ich würde offiziell als Sekretär engagiert, hätte aber hinter den Kulissen auch als Erzieher zu wirken. Er versicherte mir, daß Herr Hartmann keineswegs ein unangenehmer Herr sei. Ich brauche nicht zu fürchten, daß er mir das Leben schwer mache, es fehle ihm nichts, als der gesellschaftliche Schliff. Sein einziger Fehler, wenn man von einem solchen sprechen wolle, sei der Wunsch, seine Tochter eines Tages als Gräfin oder gar als Fürstin zu sehen. In dieser Beziehung erkenne er keine Grenzen an.

Sonst sei er aber ein sehr sympathischer Herr, ein durchaus ehrlicher und rechtschaffener Mann. Der Kommerzienrat gab mir die Adresse, nannte mir ein sehr hohes Gehalt, das diese Stellung mir einbringen würde, und fragte mich, ob ich Lust habe, der Angelegenheit näherzutreten.«

Unruhig sah die Mutter zu ihrem Sohn auf. »Und du, Horst ... was hast du dem Kommerzienrat darauf erwidert?«

Baron Horst sah vor sich hin.

»Ich habe mir überlegt, liebe Mutter, daß diese Stellung zwar eine sehr eigenartige und ungewöhnliche ist, aber daß ich eben nicht sehr wählerisch sein darf in meiner Lage. Ein so hohes Gehalt kann ich so leicht nicht erlangen in einer anderen Stellung, und unehrenhaft ist sie auf keinen Fall.

Engagiert mich dieser Herr Hartmann wirklich, dann kann ich verwerten, was ich wirklich gründlich gelernt habe: die guten Umgangsformen der Gesellschaft. Als Sekretär des Herrn Hartmann kann ich außerdem viel lernen, was mir später von Wert sein kann ... als sein Erzieher. Sag doch selbst, liebe Mutter, es ist doch schließlich eine ehrliche Arbeit, einen Menschen zu erziehen, zu veredeln, ein Amt, dessen man sich nicht zu schämen braucht.«

Seine Mutter sah voll Unruhe und Unbehagen zu ihm auf. Dann faßte sie plötzlich seine Hand und barg ihr Gesicht darin. »Ach, mein lieber Horst, daß du gezwungen bist, solch ein Angebot auch nur in Erwägung zu ziehen!« Sie sah nicht, wie es in seinem Gesicht zuckte, wie sich die Lippen herb aufeinanderpreßten.

»Nimm es doch nicht zu schwer, liebe Mutter«, sagte er endlich mit rauher Stimme.

Die richtete sich seufzend auf.

»Ich nehme es schwer, weil ich weiß, daß es dir schwer werden wird, der Untergebene eines Emporkömmlings zu werden.«

Er umfaßte ihre Schultern und rüttelte sie sanft. In seinen Augen wurde es wieder hell. Es zuckte sogar wie ein leiser Übermut darinnen, und man konnte erkennen, wie bestrickend dieser junge Mann im glücklichen Übermut seiner frühen sorglosen Jugend gewesen sein mußte.

»Mütterchen, mein liebes Mütterchen, nimm es doch von der heiteren Seite! Denk dir, wie pläsierlich es für mich sein wird, den alten Herrn zu drillen und ihm beizubringen, was er nötig hat, um in guter Gesellschaft nicht unliebsam aufzufallen.

Es spricht doch eigentlich für ihn, daß er seine Unzulänglichkeit erkannt hat und trotz seines Alters noch lernen will. Die unangenehme Sorte der Emporkömmlinge trumpft auf den Geldbeutel, macht sich mit allen Erziehungsfehlern breit und pfeift auf den guten Ton.

Dieser Herr Hartmann hat wenigstens den guten Willen, seine Umgangsformen zu verbessern. Also tut man doch ein gutes Werk, wenn man ihm behilflich ist und ihm seine Erziehungsfehler sanft und schmerzlos abgewöhnt.«

Gewaltsam zwang die Baronin ihr Unbehagen nieder. Sie mußte sogar ein wenig lachen. Aber gleich wurde sie wieder ernst, und es tat ihr weh, daß ihr Sohn, der Baron Oldenau, gezwungen war, sich um eine solche Stellung zu bewerben.

Eine Weile blieb es still zwischen Mutter und Sohn, dann sagte die Baronin:

»Ich weiß, mein Horst, daß du dich mir nur so sorglos zeigst, um es mir leichter zu machen. Wie es in dir aussieht, weiß ich darum doch. Und ich will dir deinen Entschluß, dich um diese Stellung zu bewerben, nicht noch schwerer machen. Wie die Dinge liegen, dürfen wir, wie du ganz richtig sagst, nicht wählerisch sein.«

Er beugte sich herab und küßte sie auf die Wange.

»Recht so, liebe Mutter, wir wollen tapfer sein. Die Zähne zusammenbeißen ... und durch! Erhalte ich die Stelle, bin ich vorläufig wenigstens aus allen pekuniären Nöten und kann vielleicht auch für dich etwas tun.

Noch habe ich die Stellung nicht, der Kommerzienrat verhehlte mir nicht, daß Herr Hartmann nur einen ihm sympathischen jungen Mann engagieren würde. Bekomme ich aber das Engagement, dann wollen wir zufrieden sein. Wir könnten uns dann oft sehen, Mutter, ich bleibe dann hier in Berlin. Ist das nicht viel wert? Bedenke doch, es ist doch sicher besser, als wenn ich über den großen Teich ginge und drüben als Kellner oder Straßenkehrer mein Leben fristete.«

Die Mutter zuckte zusammen und preßte seine Hand in der ihren. »Um Gottes willen, Horst, wie kannst du so etwas aussprechen!«

»Ich will dir nur zeigen, Mutter, daß ich mich glücklich preisen kann, wenn ich dieses Engagement erhalte.«

Sie streichelte seine Hand.

»Mein armer Junge!«

»Nicht doch, Mutter, nicht weich werden, das kann ich nicht gebrauchen!«

»Nein, nein, du hast recht, es hat keinen Zweck, wenn man sich das Herz schwermacht.«

»Ganz gewiß nicht. Im übrigen ist dies wirklich keine Veranlassung, sich das Herz schwerzumachen. Ich müßte schon sehr zufrieden sein, wenn ich für weniger als die Hälfte dieses Gehaltes bei Kommerzienrat Preis als Korrespondent ankommen könnte! Engagiert mich Herr Hartmann, dann kann ich von Glück sagen.«

»Nun ja, wie die Verhältnisse leider für uns liegen ... Aber sage mir, Horst, dieser Herr Hartmann will ein großes Haus führen und die vornehme Gesellschaft bei sich sehen. Was ist, wenn du in seinem Haus ehemaligen Bekannten, vielleicht gar Kameraden begegnest?«

Einen Moment biß sich der Baron auf die Lippen. Dann nahmen seine Züge etwas Hartes, Festes an.

»Es wird sich dann zeigen, wie sie sich zu mir stellen. Ein wirklicher Freund wird mich nicht geringer achten, weil ich mir meinen Lebensunterhalt in abhängiger Stellung verdienen muß. Und die anderen ... die dürfen nicht bestimmend auf meine Entschlüsse wirken.

Begegne ich wirklich einem alten Bekannten im Hause des Millionärs, dann warte ich ab, ob er mich kennen will oder nicht ... welchen Ton er mir gegenüber anschlägt. Danach richte ich den meinen. Ich bleibe darum doch, wer ich bin. Unglück ist keine Schande, Mutter. Das muß mein Standpunkt sein.«

»Also, du wirst dich jedenfalls um diese Stellung bewerben?«

»Ja, Mutter, und ich wünsche sehr, daß ich sie erhalte.«

»Nun denn ... in Gottes Namen, mein Horst! Er helfe dir, daß dein guter ehrlicher Wille gesegnet sei.«

»Ich danke dir, Mutter.«

Die beiden Menschen besprachen noch mancherlei Dinge. Dann war es Zeit zum Mittagessen. Ein kleines, bäurisch aussehendes Dienstmädchen trat mit einem Tablett ein und deckte den Tisch.

Die Baronin hatte sich dieses Mädchen von Oldenau mit nach Berlin gebracht. Es mühte sich eifrig, wenn auch mit wenig Erfolg, mit der Bedienung des angeschwärmten Herrn Barons und der Frau Baronin.

Baron Oldenau zeigte sich guter Laune und neckte die kleine Dienerin sogar ein wenig. Er scherzte über ihre ›Grazie‹, und sie starrte ihn, blutrot werdend, mit offenem Munde und großen Augen treuherzig an.

Die Baronin winkte ihr lächelnd zu, sich zu entfernen. Als das geschehen war, faßte der Baron die Hand seiner Mutter.

»Arme Mutter, daß du mit dieser ungefaßten Perle auskommen mußt, als einzige Bedienung, ist bitter!«

Die Baronin legte ihrem Sohn in ihrer feinen, anmutigen Art die Speisen vor und sah ihn lächelnd an.

»Ich werde mir Fine schon erziehen, Horst. Sie ist ein ehrliches, anhängliches Geschöpf, und sie ist billig. Ich komme lieber mit ihr aus als mit einer anspruchsvollen Berliner Dienerin. Fine ist noch so ein Stückchen Heimaterinnerung für mich ... ein lebendiges Andenken an Oldenau. Und sie ginge für uns durchs Feuer.«

Er lachte. »Das wollen wir lieber nicht ausprobieren, Mutter! Aber du hast recht. Obwohl die brave kleine Fine noch ziemlich unkultiviert und von herzerfrischender Urwüchsigkeit ist, so ist sie doch wenigstens ehrlich und anhänglich.«

Die Baronin nickte. Und dann fragte sie ihren Sohn, wann er sich Herrn Hartmann als Bewerber um die Stellung vorstellen würde.

»Morgen vormittag zwischen 11 und 12 Uhr«, erwiderte er. »Der Kommerzienrat sagte mir, daß dies die passendste Zeit sein würde.«

»Wahrscheinlich würdest du, falls du engagiert würdest, die Stellung sehr bald antreten müssen.«

»Hoffentlich, liebe Mutter! Ich sehne mich nach Beschäftigung, und außerdem ist es mir natürlich sehr lieb, sobald als möglich Geld zu verdienen.«

Zweites Kapitel

Am nächsten Morgen fuhr Baron Oldenau mit der Stadtbahn nach Grunewald hinaus und begab sich vom Bahnhof aus direkt zur Villa Hartmann.

Als er sie erreicht hatte, stand er eine Weile still davor und betrachtete das Gebäude.

Es sah sehr vornehm und gediegen aus mit seiner soliden Sandsteinfassade. Protzig wirkte es in keiner Weise. Wenn es nach dem Geschmack des Besitzers erbaut war, sprach es für diesen Geschmack. Vielleicht, so sagte sich der Baron, war aber auch der Geschmack der Tochter des Herrn Hartmann maßgebend gewesen, oder man hatte es dem Architekten überlassen, die Form zu bestimmen. Jedenfalls machte das Gebäude, inmitten eines parkähnlichen Gartens, einen sehr vorteilhaften Eindruck.

Abseits, etwas im Hintergrunde, sah man auch die Garage, Stallungen und ein kleines, freundliches Gebäude liegen, in dem wohl der Kutscher und der Gärtner mit ihren Familien wohnten.

Entschlossen zog der Baron endlich die Klingel an dem schmiedeeisernen Tor. Dieses wurde nach wenigen Minuten – wie von unsichtbaren Händen – geöffnet.

Baron Oldenau betrat den großen, wohlgepflegten Garten und schritt auf einem breiten, mit graublauem Kies bestreuten Weg auf das Portal der Villa zu.

Hier erschien ein Diener in einer erfreulich schlichten und vornehmen Livree.

Der Baron fragte, ob Herr Hartmann zu sprechen sei, und gab seine Karte ab, auf die er zur Vorsicht geschrieben hatte: *Auf Veranlassung von Herrn Kommerzienrat Preis.*

Der Diener hatte einen Blick für die elegante, vornehme Erscheinung des Barons, der einen sehr gut sitzenden Anzug trug und dessen bartloses, aber energisches Gesicht zur Genüge den Herrenmenschen verriet. Er bat ihn höflich, näherzutreten und in einem kleinen Salon neben dem Vestibül Platz zu nehmen. Dann entfernte er sich.

Baron Oldenau sah sich in dem Salon um. Er zeigte eine sehr kostbare, aber vornehm wirkende Einrichtung. Man sah, daß man im Hause eines reichen Mannes weilte, aber nichts deutete auf die leiseste Protzerei hin. Nach wenigen Minuten kehrte der Diener zurück und bat den Baron, ihm zu folgen. Er führte ihn die breite, mit kostbaren Teppichen belegte Marmortreppe hinauf und öffnete im ersten Stock in einem elegant eingerichteten Vorraum eine hohe Flügeltür.

Baron Oldenau betrat ein großes, schönes Zimmer mit dunklen, schweren Eichenmöbeln und gediegenen Klubsesseln. An einem der großen Fenster stand ein breiter, geräumiger Schreibtisch. Vor demselben saß in einem Sessel Herr Karl Hartmann, der Besitzer der Villa.

Ohne sich zu erheben, blickte er dem Eintretenden entgegen und musterte ihn mit klugen, scharfen Augen sehr aufmerksam.

Der Baron verneigte sich. »Habe ich die Ehre, mit Herrn Hartmann zu sprechen?«

Der Millionär, der in der Mitte der Fünfzig stehen mochte, war ein ziemlich unscheinbarer Mann. Er war mittelgroß, etwas wohlbeleibt und hatte ein kluges, energisches Gesicht mit harten, kantigen Linien. Der Ausdruck der Augen war scharf, aber nicht ohne Gutmütigkeit. Feine Fältchen um Mund und Augenwinkel zeugten davon, daß Herr Hartmann auch Sinn für Humor hatte.

Er hielt die Karte in der Hand, die der Baron mit dem Diener hereingeschickt hatte.

»Sie sind der Baron Oldenau?« fragte er, ohne aufzustehen.

Es zuckte leise um des Barons Mund. »So ist es, Herr Hartmann.«

»Und Kommerzienrat Preis schickt Sie zu mir?«

»Ja.«

»Er hat mir gestern telefonisch Bescheid gegeben, daß Sie mich aufsuchen würden, um sich um die Stellung zu bewerben, um deren Besetzung ich meinen alten Geschäftsfreund gebeten hatte. Das stimmt doch?«

»Ja, es stimmt. Der Herr Kommerzienrat sagte mir, daß Sie einen Sekretär zu engagieren wünschen.«

»Hat Ihnen Herr Kommerzienrat auch gesagt, welches Amt Sie außerdem bei mir bekleiden müßten?«

»Ja.«

Es zuckte humoristisch um Herrn Hartmanns Mund.

»Also Sie wissen, daß Sie als mein Erzieher zum guten Ton fungieren müßten.«

»Ja, auch das weiß ich.«

»Hm! Und Sie hätten Lust, diesen Posten anzutreten?«

»Es würde mir lieb sein, die Stellung zu erhalten.«

»Ich setze voraus, daß Sie die nötigen Fähigkeiten haben und in allen gesellschaftlichen Fragen durchaus firm sind.«

»Wenn dies nicht der Fall wäre, hätte ich mich nicht um diese Stellung beworben.«

»Wenn ich jetzt von Ihnen verlangen würde, mir eine Probelektion zu geben, was würden Sie dann tun? Ich bitte, betrachten Sie sich jetzt einmal als bereits in diesem Amte angestellt und erteilen Sie mir eine Lektion.«

Es zuckte wie leiser Übermut in den Augen des Barons. Er verneigte sich und richtete sich dann straff auf. Den Millionär scharf fixierend, sagte er ruhig und bestimmt:

»Bitte stehen Sie auf und begrüßen Sie mich höflich mit einer Verbeugung. Wenn Sie sich dann wieder niederzulassen beabsichtigen, so tun Sie es nicht, bevor Sie auch mir einen Platz angeboten haben. Man empfängt Besucher nicht in der Art, wie Sie mich eben empfangen haben. Und vorläufig bin ich noch nicht Ihr Angestellter.«

Herr Hartmann lachte leise in sich hinein. Seine Augen funkelten.

»Bravo! Die erste Lektion haben Sie mir gratis und prompt erteilt ... ich danke Ihnen! Und Sie haben Mut. Das gefällt mir. Sie fordern mir die nötige Höflichkeit ab als Ihr gutes Recht. Ich habe Sie eben nur ein wenig auf die Probe gestellt und war mit Absicht unhöflich. Wenn Sie nach meiner Aufforderung, mir eine Lektion zu erteilen, gefürchtet hätten, es wirklich zu tun, dann hätte ich Sie nicht brauchen können. Ich muß einen Mann um mich haben, der mir imponiert, sonst lerne ich nichts von ihm.«

Damit war er aufgestanden, machte nun eine Verbeugung und deutete auf einen Stuhl neben seinem Schreibtisch.

»So, nun habe ich Sie begrüßt und zum Sitzen eingeladen. Wir wollen nun die Angelegenheit näher besprechen. Darf ich Ihnen etwas zu rauchen anbieten? Oder verstößt das gegen den guten Ton?«

Der Baron lächelte. Der alte Herr gefiel ihm. »Wenn Sie Ihren Besuch auszeichnen wollen und ihm liebenswürdig gestatten wollen zu rauchen, verstößt das nicht gegen den guten Ton.«

»Schön! Also stecken wir uns eine Friedenspfeife an. Bitte bedienen Sie sich. Und dann erzählen Sie mir, wenn Sie wollen, wie Sie dazu kommen, sich um eine solche Stellung zu bemühen. Sie sind Baron, und – soviel ich davon verstehe – Offizier gewesen. Das sieht man auf den ersten Blick, wenn man selbst gedienter Soldat ist wie ich. Ich habe meine Vaterlandspflicht erfüllt, ehe ich nach Amerika ging. Also stimmt es? Waren Sie Offizier?«

»Ja, Herr Hartmann.«

Und Baron Oldenau erzählte mit kurzen Worten, wie es gekommen war, daß er sich um eine Anstellung bemühen mußte.

Der alte Herr hörte aufmerksam zu und beobachtete dabei den Baron unausgesetzt. Er saß aufrecht in seinem Sessel wie ein Mann, der sich zur Bequemlichkeit keine Zeit läßt. Sein Mienenspiel war sehr lebhaft und sprechend. Der Baron glaubte, ihm seine Gedanken vom Gesicht ablesen zu können.

Alles in allem machten die beiden Herren gegenseitig einen zufriedenstellenden Eindruck aufeinander.

Als der Baron seinen Bericht beendet hatte, sagte Herr Hartmann: »Also Sie sind verarmt, haben den Dienst als Offizier quittieren müssen und wollen Ihre Mutter unterstützen?«

Der Baron verneigte sich. »So ist es.«

»Hm. Ich finde es aller Ehren wert, daß Sie, trotzdem Sie doch sicher verwöhnt sind, so unverzagt ein neues Leben beginnen wollen, um sich eine Existenz zu schaffen. Wie gesagt, Sie gefallen mir und imponieren mir auch. Wenn Sie Lust haben, die Stellung bei mir anzutreten, können wir die Bedingungen gleich vereinbaren.«

Baron Oldenau atmete auf.

»Ich bin mit der Absicht hierhergekommen, mich um diese Stellung zu bewerben und habe Lust, sie anzutreten. Bitte, teilen Sie mir Ihre Bedingungen mit.«

»Das soll geschehen. Welches Gehalt Sie beziehen werden, hat Ihnen Kommerzienrat Preis schon gesagt?«

»Ja.«

»Sind Sie einverstanden damit?«

»Gewiß, Herr Hartmann.«

»Nun gut. Also engagiere ich Sie offiziell als Sekretär. Im geheimen haben Sie das Amt meines Erziehers zu erfüllen ... davon braucht niemand etwas zu wissen. Ich möchte es begreiflicherweise nicht an die große Glocke hängen, daß ich auf meine alten Tage noch bei Ihnen in die Schule gehen will. Sie müßten natürlich hier in meinem Hause wohnen und werden zwei behagliche Zimmer bekommen und selbstverständlich freie Station. Ist Ihnen das recht?«

Der Baron verneigte sich, und er war erfreut, diese Bedingungen zu hören. Dadurch, daß er freie Wohnung und freie Verpflegung erhielt, erschien sein Gehalt noch bedeutend höher. Auf diese Weise konnte er seine Mutter sehr gut unterstützen.

Der alte Herr fuhr fort: »Sie müssen nun nicht denken, Baron, daß ich Ihnen jede freie Zeit beschneiden will. Sie werden auch an sich denken können und genügend Freiheit haben. Ich kann Ihnen nur keine scharf begrenzte Arbeitszeit anweisen. Es kann vorkommen, daß ich Ihrer zuweilen von früh bis spät bedarf und daß ich Sie dann tagelang nur wenige Stunden beschäftige. Das kommt ganz auf die Umstände an. Sind Sie auch damit einverstanden?«

»Gewiß, ich werde immer zu Ihren Diensten stehen, wenn Sie meiner bedürfen.«

»Gut. Wir können nun noch eine Kündigungsfrist vereinbaren für den Fall, daß wir uns einmal aus irgendeinem Grunde trennen müßten. Ich denke, wir lassen dafür die allgemein üblichen kaufmännischen Bedingungen gelten.«

»Auch damit bin ich einverstanden.«

»Gut, die Sache ist erledigt. Und nun betrachten Sie sich als meinen Sekretär und Erzieher. Ich will Sie nun gleich noch meiner Tochter vorstellen. Zwar bezweifle ich nicht, daß Sie ihr genauso sympathisch sein werden wie mir, aber ich möchte doch darüber Gewißheit haben. Da Sie in Ihrem Amte auch mit ihr viel in Berührung kommen werden, müssen Sie sich jedenfalls kennenlernen.«

Mit einer Verbeugung erhob sich der Baron. »Ich bitte um den Vorzug, dem gnädigen Fräulein vorgestellt zu werden.«

Auch Herr Hartmann erhob sich lächelnd.

»Das haben Sie sehr hübsch gesagt ... das werde ich mir für ähnliche Fälle merken. Ich bitte um den Vorzug, dem gnädigen Fräulein vorgestellt zu werden ... gut, sehr gut!«

Damit drückte der alte Herr auf den Knopf einer elektrischen Klingel, die an seinem Schreibtisch angebracht war. Der Diener, der den Baron hereingeführt hatte, erschien.

»Schicken Sie meine Tochter sofort hierher«, gebot Herr Hartmann schnell.

Als sich der Diener entfernt hatte, sah der Baron den alten Herrn fest an.

»Da ich schon engagiert bin, Herr Hartmann, erlaube ich mir zu bemerken, daß Sie einen solchen Auftrag einem Diener gegenüber in andere Worte fassen müssen.«

Der alte Herr sah ihn fragend an. »War das nicht richtig?«

»Nein.«

»Also, dann schießen Sie los! Wie muß ich in solchen Fällen sagen?«

»Sie müssen dem Diener sagen: Ich lasse das gnädige Fräulein bitten, sich hierherzubemühen.«

Der alte Herr nickte. »Danke, das will ich mir merken. Es ist zwar ein wenig umständlicher, aber jetzt habe ich ja mehr Zeit. Wissen Sie, Baron, ich stamme aus kleinen Arbeiterkreisen und habe mir wohl so im Lauf der Jahre einen gewissen oberflächlichen Schliff angeeignet, aber dieser Schliff ist doch recht grob geblieben. Ich habe eben keine Zeit gehabt, solche Dinge zu beachten. Sie sollen nun meinem groben Schliff die nötige Feinheit geben.

Hoffentlich gelingt es Ihnen, denn ich will mit meiner Tochter in den feinsten Kreisen verkehren und will ihr keine Veranlassung geben, sich meiner Formen schämen zu müssen. Es ist ganz sicher, daß meine Tochter eines Tages einen vornehmen Aristokraten heiraten wird. Das ist nämlich mein letztes Lebensziel. Meine Tochter soll mindestens Gräfin werden. *Mindestens* sage ich, darunter tue ich es nicht! Das ist mein Ehrgeiz. Denn meine Tochter hat das Zeug dazu, sie würde auch einem Thron zur Zierde gereichen, das sage ich aus vollster Überzeugung.

Sehen Sie, Baron, für mich kenne ich keinerlei Stolz, aber

für meine Tochter bin ich ein rechter Obenhinaus. Dafür habe ich gearbeitet und geschafft mein Leben lang und meine Reichtümer zusammengescharrt. Alles für meine Tochter. Sie soll oben in der Sonne leben ... ganz oben. Ich kann mir auch einen Fürsten zum Eidam leisten. Und wahrscheinlich wird meine Tochter eines Tages eine Fürstin sein. Dieser Gedanke macht mich glücklich und stolz ... meiner Tochter wegen, die ich mehr liebe als mich selbst. Das alles sage ich Ihnen ganz offen, damit Sie wissen, warum ich mir auf meine alten Tage noch einen Erzieher halte und worauf es ankommt. Verstehen Sie mich?«

Der Baron verneigte sich. Er dachte bei sich, daß die Tochter dieses Mannes wahrscheinlich eine hochmütige Dollarprinzessin sei, die unbedingt einen Mann aus der hohen Aristokratie haben wollte und mit diesem Wunsche ihrem Vater das Leben schwermachte. Er konnte sich nicht denken, daß dieser sonst so vernünftig scheinende Mann von sich aus nach einem so vornehmen Schwiegersohn trachtete. Und so brachte der Baron Fräulein Hartmann ein gewisses Vorurteil entgegen.

Herr Hartmann gefiel ihm, trotz seiner offen bekannten Schwächen, aber seiner Tochter sah er mit einer gewissen Aversion entgegen.

Er sagte nur: »Ich verstehe, Herr Hartmann. Und bei Ihrem Reichtum steht es außer Zweifel, daß Sie Ihr Ziel erreichen werden. Aber gerade in Anbetracht dieses Zieles dürfte es besser sein, wenn Sie zu niemand davon sprechen.«

Verständnislos zuckte der alte Herr die Achseln.

»Warum nicht? Man soll ja erfahren, daß ich für meine Tochter eine vornehme Partie suche, damit sich Bewerber melden. Ich habe schon die nötigen Schritte getan und bereits mit geeigneten Persönlichkeiten Fühlung genommen. In nächster Zeit gebe ich ein großes Fest, zu dem fast nur Herrschaften aus der Aristokratie geladen werden, ausgenommen einige Vertreter der Geldaristokratie.«

Baron Oldenau mußte sich fragen, wie wohl die Tochter des Herrn Hartmann davon berührt werden müßte, daß ihr Vater so offenkundig nach einem aristokratischen Freier für sie suchte. Sehr feinfühlig konnte sie wohl nicht sein, sonst müßte sie das äußerst peinlich berühren. Er konnte sich nicht enthalten zu fragen:

»Und Ihr Fräulein Tochter? Ist sie damit einverstanden, daß man davon erfährt, daß sie die Absicht hat, eine vornehme Partie zu machen?«

Verwundert sah ihn der alte Herr an.

»Danach habe ich sie noch nicht gefragt. Sie kennt das Ziel meiner Wünsche und wird sich nicht widersetzen. Sie ist eine gehorsame Tochter und weiß, daß ich nur an ihr Glück denke. Ich werde ihr einen Mann aussuchen, der sie an einen Platz stellt, wie er mir wünschenswert für sie erscheint. Und sie weiß, daß sie mein Stolz ist, und daß ich darauf hinziele, daß sie eine hervorragende Stellung im Leben einnimmt.«

Ehe der Baron antworten konnte, öffnete der Diener die Tür und auf der Schwelle erschien eine schlanke junge Dame in einem eleganten, vornehm wirkenden Hauskleid aus weicher, königsblauer Seide mit einem Tableau aus Goldstickerei. Es schmiegte sich graziös um sehr schöne, edle Formen und ließ die zierlichen Füße frei. Die junge Dame war mittelgroß. Sie hatte einen Teint von bewundernswerter Reinheit und zarter Frische. Große, tiefblaue Augen, von dunklen, schöngezeichneten Brauen und Wimpern umgeben, blickten klar und offen aus dem feingeschnittenen Gesicht, das von sehr schönem Haar umgeben war. Es hatte eine goldbraune Färbung und einen rötlich-metallischen Glanz und war sehr kleidsam frisiert. Aus den Augen und einem kleinen Grübchen in der Wange, das sich beim Lächeln zeigte, sprach übermütige Schelmerei. Die junge Dame bot — trotz ihres damenhaft-zurückhaltenden Auftretens — einen so lebensfrischen, herzerfreuenden Anblick, daß Baron Oldenau seine Antipathie merklich schwinden fühlte.

Er mußte sich eingestehen, daß diese junge Dame unstreitig sehr schön war und durchaus nichts herausfordernd Anspruchsvolles an sich hatte. Sie erschien ihm im Gegenteil voll lieblicher, schlichter Natürlichkeit und Anmut, so daß er sie nicht mehr für eine launische, anmaßende Dollarprinzeß halten konnte, die auf den Geldsack ihres Vaters pochte.

Mit einem leichten, graziösen Neigen des schönen Kopfes grüßte sie den Besucher ihres Vaters und trat auf letzteren zu.

»Du hast mich rufen lassen, Papa?«

Herr Hartmann sah mit stolzer, väterlicher Zärtlichkeit auf seine Tochter.

»Ja, Margot, ich wollte dir Baron Oldenau vorstellen«, erwiderte er, seine Tochter mit dem Baron bekannt machend.

Die blauen Augen der jungen Dame hefteten sich fest auf das gebräunte Gesicht des Barons, in dem keinerlei Bart die markanten Züge verhüllte. Sie neigte nochmals grüßend den Kopf.

»Baron Oldenau hat das Amt eines Sekretärs bei mir übernommen, Margot«, fuhr der alte Herr fort.

Einen Moment zuckte es überrascht in Margot Hartmanns Gesicht auf. Dann sagte sie gefaßt: »Es freut mich, Papa, daß du gefunden hast, was du suchtest. Ich darf Sie also als künftigen Hausgenossen begrüßen, Baron Oldenau.«

Und ihre Augen verrieten sehr wohl, daß sie mit diesem Hausgenossen einverstanden war. Der Baron gefiel ihr auf den ersten Blick.

Er verneigte sich artig. »Ich danke für diese Begrüßung, mein gnädiges Fräulein.«

»Der Herr Baron hat sich einverstanden erklärt, Margot, die mangelhafte Erziehung deines Vaters aufzubessern«, sagte Herr Hartmann lächelnd.

Forschend sah Margot in das Gesicht des Barons, das völlig

unbewegt blieb. Sie legte ihre kleine feine Hand auf den Arm ihres Vaters und sah ihn liebevoll an.

»Du hast dich dein Leben lang geplagt, ein reicher Mann zu werden, Papa, nun willst du dich, statt dich endlich auszuruhen, auch noch damit plagen, ein vornehmer Mann zu werden.«

»Nur deinetwegen, Margot.«

»Ach, mir bist du vornehm genug, ich liebe dich, wie du bist«, sagte sie warm.

Diese Worte der jungen Dame gefielen dem Baron sehr und nahmen ihn noch mehr für sie ein. Herr Hartmann streichelte lächelnd ihre Hand.

»Du weißt sehr wohl, was mir fehlt, und ich will nicht, daß du dich deines Vaters schämen mußt in vornehmer Gesellschaft.«

»Das wird nie geschehen, Papa. Wenn die Gesellschaft auch noch so vornehm ist, es wird sich kein Mensch darunter befinden, der eine vornehmere Gesinnung hat als du, wenn du auch nicht gelernt hast, die leeren Formen zu beherrschen. Ich sehe in dein Herz, und da sehe ich nur, was mich stolz auf meinen Vater macht. Aber ich weiß, es hilft nichts, dir etwas auszureden, was du dir vorgenommen hast. Herr Karl Hartmann hat einen sehr harten Kopf, wenn auch ein weiches Herz.«

Der alte Herr wurde ein wenig verlegen unter dem reizenden Schelmenlächeln seiner Tochter. Dieses Lächeln schien dem Baron wie Frühlingssonnenschein ins Herz.

»Du machst mich ganz verlegen, Margot«, wehrte Herr Hartmann ab.

Sie streichelte lächelnd seine Hand und sah den Baron an.

»Es wird Ihnen gar nicht schwerfallen, Baron, Ihr Amt auszuüben. Papa ist sehr lernbegierig und will absolut auf seine alten Tage noch ein ganz korrekter Formenmensch werden.«

»Mein gnädiges Fräulein, es ist immer gut, wenn man die

Formen der guten Gesellschaft beherrscht, man braucht sich deshalb nicht davon beherrschen zu lassen.«

»Da muß ich Ihnen beistimmen. Aber die Form gibt uns doch allen einen leisen, schablonenhaften Anstrich. Mein lieber Vater war bisher ein origineller Mensch. Bitte, machen Sie es gnädig mit Ihren Erziehungsversuchen und verwischen Sie nicht all seine originellen Züge. Er wird sich ja nicht abhalten lassen, bei Ihnen in die Lehre zu gehen. Ich hoffe aber, Sie lassen ihm, soviel es angeht, seine Eigenart.«

Es zuckte bei diesen Worten schelmisch in ihren Augen und in dem entzückenden Grübchen. Baron Horst Oldenau war wie bezaubert von dem natürlichen Wesen der jungen Dame und fühlte etwas Warmes, Freudiges in sich aufsteigen bei dem Gedanken daran, daß er in Zukunft täglich mit diesem reizenden, lebensfrischen Geschöpf zusammentreffen würde.

»Ich verstehe, wie Sie es meinen, mein gnädiges Fräulein, und werde mich nach Ihren Wünschen zu richten versuchen«, erwiderte er lächelnd.

Man plauderte noch einige Minuten zusammen, dann zog sich Fräulein Margot Hartmann wieder zurück. Ihr Vater und der Baron vereinbarten nun noch, daß der Baron seine Stellung bereits in drei Tagen – da war Ultimo – antreten sollte.

Zum Abschied reichte Herr Hartmann dem Baron die Hand.

»Also auf Wiedersehen am Donnerstag, Baron. Es ist mir sehr lieb, daß Sie Aristokrat sind, das sage ich ganz offen. Sie werden in meinem Hause eine angenehme Stellung haben, und ich habe dafür einen wirklich hoffähigen Erzieher.«

»Einen Sekretär, Herr Hartmann. Daß ich nebenbei als Ihr Erzieher fungieren soll, erwähnen wir am besten gar nicht mehr. Es braucht niemand zu wissen, daß ich dieses Amt bekleide, damit man nicht darüber spotten kann.«

Herr Hartmann sah den Baron forschend an. »Glauben Sie, daß man darüber spotten würde?«

»Ich halte es für möglich.«

»Aber warum? Ist es lächerlich, wenn man etwas lernen will, was man noch nicht weiß?«

»Nein, gewiß nicht. Ich finde es jedenfalls durchaus nicht lächerlich, sondern bewundernswert von Ihnen. Aber es könnte Menschen geben, die über Ihren Lerneifer in dieser Beziehung spotten, wie man leicht über etwas spottet, das man nicht versteht. Und es ist nicht nötig, daß man diese Spottlust herausfordert. Ich werde mein Amt als Erzieher so ausüben, daß es niemand bemerken kann.«

»Nun gut, ist mir auch recht, daß nicht darüber gesprochen wird. Also auf Wiedersehen am Donnerstag, Baron.«

»Auf Wiedersehen, Herr Hartmann.«

Damit war Baron Oldenau entlassen. Der Diener begleitete ihn bis vor das Portal.

Drittes Kapitel

Margot Hartmann stand am Fenster ihres Salons hinter dem kostbaren Spitzenstore und sah hinter Baron Oldenau her, der soeben auf dem kiesbestreuten Weg zum Gartentor schritt.

Ihre Augen hingen an seiner aufrechten, schlanken Gestalt, die elastisch ausschritt. Sie wurde sich nicht klar darüber, weshalb sie an das Fenster getreten war, als sie hörte, daß er sich entfernte. Ein großes Wohlgefallen an dieser schlanken, vornehmen Männergestalt erfüllte ihr Herz. Sie war sehr damit einverstanden, daß ihr Vater gerade diesen jungen Mann engagiert hatte. Er hatte sie mit seinen klugen, warmen Augen so klar und offen angesehen, daß sie sogleich eine starke Sympathie für ihn empfunden hatte.

Sie sah ihm jetzt unverwandt nach, bis sich das Tor hinter

ihm schloß und er ihren Blicken entschwunden war. Ein leiser Seufzer entfloh ihrer Brust.

Wenn Papa mich doch nicht mehr damit quälen wollte, daß ich diesen Fürsten Nordheim heiraten soll, von dem er mir soviel vorschwärmt. Ich glaube nicht, daß er mir gefällt, dachte sie.

Warum sie das nicht glaubte, wußte sie nicht. Es wurde ihr auch nicht bewußt, daß dieser Glaube in dem Moment in ihr wach geworden war, als sie in Baron Oldenaus Augen sah.

Sie stand aber überhaupt den Heiratsplänen ihres Vaters ziemlich feindlich gegenüber, wenn sie es sich auch, um den Vater nicht zu kränken, nicht anmerken ließ.

Bei der Mittagstafel trafen Vater und Tochter in dem großen, schönen Speisezimmer zusammen. Sie speisten heute allein. Gäste waren nicht geladen, und die Hausdame, die Herrn Hartmann den Haushalt führte, hatte sich wegen Migräne entschuldigen lassen.

An einem runden, reichgedeckten und mit Blumen geschmückten Tisch saßen sich Vater und Tochter gegenüber.

Als der Diener die Suppe aufgetragen und sich entfernt hatte, sagte Herr Hartmann, sichtlich gut gelaunt: »Nun, Margot, wie gefällt dir Baron Oldenau?«

Margot sah nicht von ihrem Teller auf. Ein leises Zucken ihrer Lippen ließ das Grübchen ahnen und verriet, daß sie diese Frage erwartet hatte.

»Oh, er gefällt mir gut. Ich glaube, du hast eine gute Wahl getroffen.«

Befriedigt nickte der alte Herr. »Das glaube ich auch. Mir gefällt er ausnehmend gut.«

Margot sah nun fragend auf. »Wie kommt er eigentlich dazu, eine solche Stellung anzunehmen, Papa? Er machte einen so vornehmen, eleganten Eindruck, daß ich ihn für einen Besucher hielt, nicht für einen Mann, der eine Stellung sucht.«

»Nun, das ist ihm wohl auch nicht an der Wiege gesungen

worden«, sagte der alte Herr und erzählte seiner Tochter, was er selbst von dem Baron wußte.

Mit starkem Interesse, das sie aber hinter harmloser Gleichgültigkeit verbarg, lauschte sie seinen Worten. Als er geendet hatte, sagte sie lächelnd: »Mit einem so vornehmen Erzieher hattest du natürlich nicht gerechnet, Papa.«

»Allerdings nicht. Aber es ist mir sehr angenehm. Ich kann mich jedenfalls darauf verlassen, daß er genau weiß, was er mich zu lehren hat. Sogar bei Hofe hat er verkehrt. Es wird auch unseren vornehmen Gästen gegenüber Eindruck machen, daß ich einen Baron und ehemaligen Dragoneroffizier zum Sekretär habe. Das klingt doch nach etwas, nicht, Margot?«

Sie sah ihn schelmisch lächelnd an. »Gewiß, Papa ... mein Sekretär, Baron Oldenau ... großartig!«

Er drohte ihr lachend mit dem Finger. »Ich weiß schon, du machst dich ein bißchen lustig. Aber wenn du erst selbst eine vornehme Aristokratin bist, wirst du mich schon verstehen.«

Margot teilte nicht die Schwäche ihres Vaters, der absolut in adlige Kreise hineinsteuern wollte. Sie hatte aber bisher diese Schwäche ihres Vaters nicht ernstgenommen und ließ ihn ruhig gewähren. Selbst wenn er ihr davon sprach, daß sie zum mindesten einen Grafen oder gar Fürsten heiraten sollte, hatte sie sich nicht sonderlich aufgeregt. Warum sollte sie nicht ebensowohl einen Grafen oder Fürsten als einen anderen Mann liebgewinnen können, wenn es einmal so weit kam, daß sie heiraten würde? Man konnte ja abwarten.

Als aber Margot in letzter Zeit merkte, wie energisch ihr Vater – nachdem er in Berlin festen Fuß gefaßt hatte – darauf lossteuerte, eine vornehme Partie für sie ausfindig zu machen, kamen ihr doch allerhand Bedenken. Sie machte nun einen Versuch, den Vater davon abzubringen, unbedingt auf solch eine vornehme Verbindung für sie zu bestehen. Aber da war der alte Herr zum erstenmal so heftig und zornig gegen seine Tochter geworden, daß sie erschrocken merkte, wie fest sich diese Idee bei ihm gesetzt hatte.

Sie sprach nun nicht mehr dagegen, ließ den Vater ruhig gewähren und nahm eine abwartende Haltung an.

Daß ihr Vater letzten Endes nicht auf seinem Plan bestehen würde, wenn eine solche Verbindung sie unglücklich machen würde, stand trotz allem bei ihr fest. Im Grunde nahm sie diese Angelegenheit durchaus nicht tragisch und ließ sich ihre heitere Sorglosigkeit nicht dadurch trüben. Ohne große Unruhe wartete sie auf die weitere Entwicklung der Dinge.

Margot Hartmann wußte sich geliebt von ihrem Vater. Von Kind auf war sie von ihm sehr verwöhnt worden. Er hatte erst geheiratet, als er schon ein sehr wohlhabender Mann gewesen war. Mit nahezu vierzig Jahren hatte er in Amerika eine junge Deutsche heimgeführt, die aber schon einige Jahre nach der Geburt ihres Kindes starb.

Mit großer Zärtlichkeit hing der Vater sein Herz an die Tochter und ließ ihr eine äußerst sorgfältige Erziehung angedeihen. Er lebte und strebte nur für sein Kind, und Margot führte das Leben einer verwöhnten Prinzessin.

Daß sie trotzdem ein liebenswertes, natürliches und warmherziges Menschenkind ohne Launen und Unarten wurde, verdankte sie ihrer geistig hochstehenden, vernünftigen deutschen Erzieherin. Diese, eine lebensfrische, energische Frau, hatte Margots Erziehung geleitet, bis sie – kurz vor der Abreise von Vater und Tochter von Amerika – mit einem deutschen Landsmann einen späten Ehebund schloß und mit ihrem Gatten eine Zeitung gründete. Sie war also im Hartmannschen Hause geblieben, bis ihr Erziehungswerk an Margot als vollendet betrachtet werden konnte. Und sie hatte Margot die Überzeugung beigebracht, daß eine so reiche, junge Dame die doppelte Verpflichtung habe, liebenswert zu sein, weil sie sonst als Persönlichkeit immer hinter dem Glanz ihres Reichtums zurückstehen müsse.

Damit hatte sie Margot, die diese Lehre beherzigte, einen großen Dienst erwiesen. Und vernünftigerweise hatte Herr Hartmann gegen diese klugen Erziehungsprinzipien nicht revoltiert.

Margot liebte ihren Vater sehr und achtete ihn hoch. Und sie fand es nun keineswegs lächerlich, sondern rührend, daß er sich auf seine alten Tage noch gesellschaftlich erziehen lassen wollte, weil er früher nicht die Zeit und Gelegenheit dazu gehabt hatte. Sie wußte auch, daß die Triebfeder zu seinem Lerneifer nur die Liebe zu ihr war. Und da sie außerdem erkannt hatte, daß es nur seine väterliche Liebe war, die sie auf den höchsten Höhen des Lebens sehen wollte, hatte sie sich bisher nicht ernstlich dagegen gewehrt, daß er auf eine vornehme Partie für sie hinsteuerte.

Sie kannte die Liebe noch nicht, wußte nicht, welche Macht ihr innewohnte. Sie war gar nicht sentimental veranlagt, und es erschien ihr durchaus nicht unmöglich, daß sie einen jungen Aristokraten, den ihr der Vater zum Gatten aussuchen würde, so sympathisch finden könnte, daß sie ihn heiraten mochte. Denn das nahm sie bei ihres Vaters Liebe zu ihr als selbstverständlich an, daß dieser ihr nie einen häßlichen, alten oder unangenehmen Menschen als Gatten in Vorschlag bringen würde. Deshalb hatte sie die Dinge bisher ruhig gehen lassen.

In letzter Zeit hatte ihr der Vater oft von einem Fürsten Nordheim erzählt, den er kennengelernt hatte. Auch heute, als sich Vater und Tochter beim Dessert gegenübersaßen, sagte Herr Hartmann, nachdem er sich in seinen Sessel zurückgelehnt hatte:

»Es ist mir lieb, daß ich eine geeignete Persönlichkeit gefunden habe, denn ich werde Baron Oldenaus Lehren in nächster Zeit dringend bedürfen, da wir ja nun unser Haus der Gesellschaft öffnen werden. Auch der junge Fürst Nordheim wird demnächst seinen Besuch bei uns machen.«

Mehr als je vorher regte sich in Margots Herzen eine heimliche Aversion gegen diesen ihr unbekannten Fürsten.

»Hat er seinen Besuch in Aussicht gestellt, Papa?« fragte sie mit erzwungener Ruhe.

»Jawohl, Margot. Und ich habe begründete Hoffnung, daß er uns diesen Besuch nicht ohne bestimmte Absicht macht. Ich will dir nicht verhehlen, daß ich überzeugt bin, daß er sich um deine Hand bewerben will.«

Margot saß einen Moment ganz still und hielt die Augen gesenkt. Ihr war in diesem Augenblick, als ruhten die Blicke des Barons Oldenau forschend auf ihr, wie das heute morgen geschehen war, als sie ihm gegenübertrat.

Warum sie gerade jetzt wieder an ihn denken mußte, wurde ihr nicht klar. Aber unwillkürlich trat ihr bei dem Gedanken an ihn das Blut langsam in die Wangen. Ihr war, als müsse sie heftig gegen diesen unbekannten fürstlichen Bewerber protestieren. Aber sie bezwang sich.

Nach einer Weile sah sie auf.

»Was ist das eigentlich für ein Fürst, Papa? Du hast mir schon einige Male von ihm erzählt«, sagte sie scheinbar unbefangen.

Herr Hartmann richtete sich lebhaft auf. »Er ist ein sehr gutaussehender junger Herr, Margot ... ein österreichischer Fürst, der seit Monaten hier in Berlin lebt. Er entstammt einem alten Fürstengeschlecht. Der Freiherr von Goltzin hat mir alles Wissenswerte über ihn erzählt. Es ist natürlich kein regierendes Haus, aber die Fürsten Nordheim haben einst in Tirol große Besitzungen gehabt, die ihnen durch mißliche Verhältnisse verlorengingen. Sie sind ziemlich verarmt.

Der junge Fürst Edgar Nordheim ist der letzte seines Geschlechtes, und er ist auf eine für seine Verhältnisse äußerst bescheidene Rente angewiesen, die er auch noch mit seiner Mutter, einer sehr verwöhnten Dame, teilen muß.

Der Freiherr von Goltzin hat mir gesagt, daß der junge

Fürst daher eifrig nach einer reichen Partie sucht ... er ist eben darauf angewiesen. Seine Mutter ist Oberhofmeisterin einer österreichischen Erzherzogin und bei Hofe natürlich sehr gut angeschrieben. Also denke dir, Margot, was das für herrliche Aussichten für dich sind.«

Margot hatte ohne sonderliches Interesse zugehört. »Weshalb ist denn der Fürst nicht in Österreich geblieben?« fragte sie, und sie fühlte, daß ihr das angenehmer gewesen wäre, als daß er in Berlin weilte.

»Er hat eben dort keine passende Partie gefunden und ist nun nach Berlin gekommen, um eine solche ausfindig zu machen. Der Fürst möchte brennend gern die Familiengüter in Tirol zurückkaufen, wozu sich jetzt eine günstige Gelegenheit bieten würde. Er bedarf aber dazu einiger Millionen und sucht, wie gesagt, eifrig nach einer Frau, die ihm diese Millionen als Mitgift zubringt.«

»Die Frau wäre also hierbei Nebensache, Papa. Die Hauptsache sind die Millionen.«

Zärtlich sah der Vater seine Tochter an. »Aber Margot, wenn er eine Frau wie dich bekommt, dann werden ihm die Millionen bald Nebensache und die Frau die Hauptsache sein! Davor bin ich nicht bange. Der Freiherr von Goltzin hat mir auch versichert, daß der Fürst nur eine Frau heiraten will, die er auch liebgewinnen kann. Na, und das wirst du ihm leichtmachen.

Jedenfalls habe ich nun dafür gesorgt, daß er in unserem Hause verkehren wird und ihr euch erst einmal kennenlernt. Er wird, wie gesagt, nächstens seinen Besuch machen. Freiherr von Goltzin will ihn bei uns einführen, und dann wird er auch unser Fest besuchen, das wir zur Einführung in die Berliner Gesellschaft geben werden.«

»Hat dir das der Fürst selbst gesagt?« fragte Margot mit einem unangenehmen Gefühl.

»Gewiß. Ich habe ihn gestern bei meinem Pferdehändler getroffen, wo ich für dich und mich im Hochsommer Reitpferde gekauft habe. Ich sah mir ein paar Kutschpferde an für das kleine Kupee und hatte den Freiherrn von Goltzin gebeten, mich mit seinem Rat zu unterstützen.«

»Du tust bald gar nichts mehr ohne den Rat des Freiherrn«, sagte Margot, die Herrn von Goltzin aus einem ihr selbst unbewußten Grunde nicht sehr gewogen war.

Herr Hartmann zuckte die Achseln. »Der Freiherr ist so sehr gefällig und liebenswürdig. Und von Pferden versteht er nun mal mehr als ich. Außerdem wird er uns, wie du ja weißt, in die Berliner Aristokratie einführen und dafür sorgen, daß diese bei uns verkehrt.«

»Tut er das alles nur uns zu Gefallen?«

Herr Hartmann wurde ein wenig verlegen. »Nun, ich erweise ihm auch kleine Gefälligkeiten. Aber ich wollte dir erzählen, daß der Freiherr in Begleitung des Fürsten Nordheim war und dieser mir seinen Besuch für nächste Woche ankündigte. Er wird dir gefallen, Margot. Der Fürst ist ein sehr vornehmer und hübscher junger Mann, sonst hätte ich ihn gar nicht mit dir in Verbindung gebracht. Und es wird schon alles in die Reihe kommen, Herr von Goltzin wird die Sache geschickt arrangieren.

Daß der Fürst sich in dich verliebt, sobald er dich kennenlernt, steht bei mir außer Zweifel. Und du wirst auch Gefallen an ihm finden. Er ist schneidig und elegant, sehr sympathisch und, wie gesagt, äußerst vornehm. Du kannst dich darauf verlassen, ihr paßt famos zueinander, und die Sache wird sich glatt arrangieren lassen.«

Es war etwas in Margot, das ihr das Blut in die Wangen trieb und ihren Widerspruch weckte. Sie hätte am liebsten energisch gegen diese Verbindung protestiert. Aber sie dachte an den jähen Zornesausbruch ihres Vaters von neulich und sagte deshalb nur mit einem schwachen Versuch, das Schicksal aufzuhalten:

»Ich glaube nicht, daß der Fürst eine Bürgerliche heiraten wird.«

Herr Hartmann warf sich in die Brust.

»Nun, meine Millionen werden für ihn genau denselben Wert haben, wie seine Fürstenkrone für mich. Ganz abgesehen davon, daß du auch ohne deinen Reichtum begehrenswert, selbst für einen Fürsten, bist. Da er keinen Thron hat, wird ihn nichts hindern, ein bürgerliches Mädchen heimzuführen.

Also hab' keine Sorge, Margot, ich bin fest überzeugt, daß du Fürstin Nordheim wirst ... eine Durchlaucht, Margot! Ich sehe dich im Geiste schon inmitten der vornehmen Gesellschaft vom Hofe. Denn natürlich wird dann die Fürstinmutter dafür sorgen, daß du bei Hofe verkehren kannst.«

In Margots Innerem siegte plötzlich der jugendfrohe Übermut über alles Bangen. Mit blitzenden Augen sah sie zu ihrem Vater hinüber.

»Du willst zu hoch hinaus mit deiner Tochter, Papa! Ich habe ja gar nicht die nötige Würde und Grandezza, die eine Fürstin aufweisen muß.«

Herr Hartmann wehrte ärgerlich ab: »Ach was, das soll nur einer behaupten! Du hast Grandezza genug, um Kaiserin von China zu werden. Und es steht schon ganz fest bei mir, daß du Fürstin Nordheim werden wirst. Der Fürst wird dir gefallen. Er ist sehr liebenswürdig.«

Margot warf alle Sorgen über Bord. Wozu sich jetzt schon beunruhigen und aufregen? Sie konnte sich ja den Fürsten ruhig einmal ansehen. Vielleicht gefiel er ihr wirklich. Es verpflichtete sie ja noch zu nichts. Und alles Weitere konnte man abwarten.

»Nun, wir werden sehen, Papa«, sagte sie ruhig.

Sie wollte dem Vater den Gefallen tun, scheinbar auf seine Pläne einzugehen. Er glaubte, vollständig gewonnenes Spiel bei seiner Tochter zu haben. Er faßte ihre Hand über den Tisch hinweg.

»Wie ich mich freuen werde, Margot, wenn du Fürstin geworden sein wirst!«

Sie sah ihn unsicher an. »Liegt dir wirklich so viel daran, Papa?«

Herrn Hartmanns Augen blitzten auf. Die Muskeln seines Gesichts strafften sich. »Kannst du dir das nicht denken, Margot? Ich, ein einfacher Tagelöhnerssohn, der Schwiegervater eines Fürsten! Meine Tochter eine Durchlaucht! Das ist doch ein erstrebenswertes Ziel. Habe ich das erreicht, dann kann ich zufrieden sein.«

»Das könntest du schon jetzt, Papa, du hast Großes geleistet und brauchtest diesen fürstlichen Nimbus gar nicht.«

»Das verstehst du nicht, Margot.«

»Möglich, Papa. Hast du auch bedacht, daß dich dieser fürstliche Schwiegersohn viel, sehr viel Geld kosten würde?«

»Schadet nichts! Dazu habe ich ja meine Reichtümer gesammelt. Ich kann mir das leisten. Wir kaufen die fürstlichen Güter zurück, damit du auch einen fürstlichen Besitz hast. Laß mich nur machen. Und natürlich muß ich mir nun auch vornehme Umgangsformen aneignen. Wer weiß, am Ende werde ich auch noch bei Hofe vorgestellt. Und dann will ich gut abschneiden und dir keine Schande machen. Es ist mir sehr lieb, daß Baron Oldenau schon am Donnerstag seine Stellung antritt. Er kann mich dann schon ein wenig zurechtstutzen, bis der Fürst zu uns kommt.«

Erst hatte ein Lächeln auf Margots Zügen geruht, und sie hatte voll Rührung des Vaters Hand gestreichelt. Als er aber von Baron Oldenau sprach, flog plötzlich ein Schatten über ihr Gesicht. Wieder war es ihr, als wenn die Augen des Barons scharf und forschend auf ihr ruhten, und es stieg etwas in ihr auf, das sie nicht mit Namen bezeichnen konnte und das sie mit einer unbeschreiblichen Unruhe erfüllte.

Ihr war zumute, als müsse sie sich mit aller Kraft gegen die Heiratspläne ihres Vaters zur Wehr setzen, als müsse sie sagen: Gib dir keine Mühe, Papa, laß den Fürsten Nordheim gar nicht erst in unser Haus kommen, ich mag nicht seine Frau werden, will überhaupt nicht auf die Art verheiratet werden, wie du es haben willst.

Aber sie schwieg, und ihr frisches, lebhaftes Naturell half ihr auch schnell über die unruhige Stimmung hinweg. Sie war so gar nicht daran gewöhnt, dem Leben in Kampfstellung gegenüberzustehen. Es hatte sich immer alles so geregelt, wie es ihr lieb war. Und sie hoffte auf irgend etwas Unvorhergesehenes, was sie auch diesmal jedes Kampfes enthob. Nur das stand schon heute fest bei ihr: Fürstin Nordheim würde sie nicht werden, wenn sie den Fürsten nicht wirklich liebgewann. Und es erschien ihr ziemlich sicher, daß dies nicht geschehen würde, wenn sie auch nicht wußte, worauf diese Sicherheit basierte.

Nach einer Weile sagte sie scheinbar gleichgültig: »Ja, es ist auf alle Fälle gut, daß Baron Oldenau so bald seine Stellung antritt. Du wirst doch etwas mehr freie Zeit haben, wenn dir dein Sekretär einen Teil der Arbeit abnimmt. Trotzdem du dich angeblich zur Ruhe gesetzt hast, gibt es noch eine Menge Arbeit für dich.«

»Soll es auch immer geben, Margot! So ganz ohne Arbeit werde ich und will ich auch nie sein. Wenn eine Maschine erst stillsteht, rostet sie ein ... und einrosten will ich nicht. Ich will ja jetzt erst anfangen, mein Leben zu genießen. Bisher hatte ich keine Zeit dazu. Jetzt werde ich mir die Zeit nehmen, und damit ich aufnahmefähig bleibe, muß ich dazwischen immer ein bißchen Arbeit haben.

Zuviel wird es nicht werden, zumal wenn mein neuer Sekretär mir mancherlei abnimmt. Und weißt du, mein Töchterchen, wenn du erst Fürstin Nordheim bist und mit deinem Gatten in Tirol lebst, dann siedele ich auch dorthin über.

Ich will mich doch am Glücke meiner Tochter freuen und es aus nächster Nähe genießen. Ich schaffe mir da auch einen

Wirkungskreis. Das stelle ich mir wunderschön vor. Sehen muß ich dich alle Tage, das steht fest. Auf die Dauer trenne ich mich nicht von dir, auch nicht, wenn du verheiratet bist. Das mache ich gleich im voraus mit dem Fürsten aus. Es soll ein schöner Lebensabend für mich werden, wenn ich mich an meiner Tochter Glück und Glanz freue.«

Margot sprang auf und legte ihren Arm um den Hals des Vaters. Sie schmiegte ihre Wange an die seine.

»Das Glück ist doch die Hauptsache, mein lieber Papa. Nicht wahr, glücklich willst du doch deine Margot sehen?«

Er streichelte liebevoll ihre schönen, wohlgepflegten Hände, an denen nur ein einziger Ring mit einer wundervollen Perle und einem großen Brillanten glänzte.

»Das ist natürlich die Hauptsache, Margot. Und wenn du eine Fürstin bist, bei Hofe verkehrst und einen liebenswürdigen Gatten hast, dann mußt du doch glücklich sein.«

Sie streichelte seine Wange und dachte zum ersten Male ernsthaft darüber nach, wie für sie wohl das Glück aussehen würde. Aber ihr Vater ließ ihr jetzt nicht lange Zeit zum Nachdenken. Er erhob sich und führte sie in das anstoßende Zimmer, wo ihnen der Mokka serviert wurde.

Viertes Kapitel

Baron Oldenau hatte schon seit einer Woche sein neues Amt angetreten und wohnte in der Villa Hartmann. In seiner Eigenschaft als Sekretär hatte er hauptsächlich die Korrespondenz von Herrn Hartmann zu erledigen, die sowohl in deutscher als in englischer Sprache geführt wurde. Außerdem hatte er noch allerlei Geschäfte für den alten Herrn zu erledigen, die ihm bewiesen, daß ihm Herr Hartmann großes Vertrauen entgegenbrachte.

Der Baron bewohnte im ersten Stock der Villa zwei schöne, große Zimmer, außerdem standen ihm auch alle offiziellen Räume des Hauses offen. Bei den Mahlzeiten traf der Baron auch stets mit der Tochter des Hauses und der Hausdame – der Witwe eines Majors – zusammen.

Sein Amt als Erzieher des alten Herrn übte er in einer äußerst delikaten und feinfühligen Weise aus. Er fand an Herrn Hartmann wirklich einen sehr lernbegierigen und aufmerksamen Schüler. Kleine Verstöße, die sich der alte Herr zuschulden kommen ließ, korrigierte der Baron stets so diskret, daß niemand anderes etwas davon merken konnte.

Natürlich zog Herr Hartmann den Baron betreffs der bevorstehenden großen Festlichkeit zu Rate, und der Baron konnte ihm sehr wertvolle Winke geben.

Zu seinem angenehmen Erstaunen hatte der Baron im Hause des Millionärs nirgends eine Geschmacklosigkeit oder Protzerei in der Einrichtung bemerkt. Es herrschte in allen Räumen eine wohltuende Harmonie und eine vornehme Schlichtheit, die freilich die Kostbarkeit der Einrichtung nicht verkennen ließ.

Er sprach sich eines Tages dem alten Herrn gegenüber lobend darüber aus, und Herr Hartmann erwiderte strahlend:

»Nicht wahr, da staunen Sie? Nun, ich hätte die Villa wahrscheinlich ganz anders ausgestattet und viel mehr in die Zimmer hineingesteckt. Aber meine Tochter hat mich darum gebeten, das alles ihr zu überlassen, und da es ja in der Hauptsache darauf ankommt, daß es ihr gefällt, habe ich sie auch ruhig gewähren lassen.

Bis in die kleinsten Winkel hat sie alles mit dem Innenarchitekten besprochen und sich erst Zeichnungen anfertigen lassen, meist nach ihren eigenen Ideen. Wir haben ja monatelang in Berlin im Hotel gelebt, bis alles fertig war. Und jeden Morgen ist meine Tochter hierhergeritten oder gefahren und hat sich überzeugt, ob alles nach ihren Wünschen ausgeführt wurde.

Es freut mich, daß Ihnen die Ausstattung der Räume gefällt. Der Architekt war auch ganz Feuer und Flamme und meinte, meine Tochter habe originelle Ideen und könne selbst Architektin werden.«

Es kam so ganz von selbst, daß Baron Oldenau sein Vorurteil gegen Fräulein Margot Hartmann fallenließ und in ihr mehr und mehr einen zwar lebensfrohen und oft übermütigen, aber doch unbedingt wertvollen Menschen erkennen lernte.

Zwischen Margot und dem Baron bestand ein ziemlich harmonisches Verhältnis. Sooft sie zusammentrafen, plauderten sie lebhaft und angeregt miteinander, und der Gesprächsstoff ging ihnen nie aus.

Der Baron konnte sich nicht verhehlen, daß die junge Dame in ihrer entzückenden Frische und Natürlichkeit einen tiefen Eindruck auf ihn machte. Dabei war sie ganz Dame, und nie war in ihrem Wesen etwas, das sein Mißfallen hätte erregen können. Um so unbegreiflicher erschien es ihm, daß sie mit den Heiratsplänen ihres Vaters vollkommen einverstanden zu sein schien. Sie machte ihm so gar nicht den Eindruck einer gedankenlosen Puppe. Im Gegenteil, er hielt sie für ein sehr charaktervolles und liebenswertes Geschöpf. Ihre Zärtlichkeit dem Vater gegenüber, ihre liebevolle Nachsicht gegenüber seinen kleinen Schwächen war rührend. Nie erschien sie launisch oder verzogen. Kurzum, Baron Oldenau mußte sein Herz fest im Zaume halten, um ihr gegenüber seine Ruhe nicht zu verlieren.

Manchmal gelang ihm das nicht ganz. Es kam vor, daß es in seinen grauen Augen seltsam aufblitzte, wenn er ihr gegenübersaß. Und Margot hatte jedesmal, wenn sie dieses Aufblitzen wahrnahm, ein Gefühl, als setze ihr Herzschlag aus.

Sie gestand sich aber nicht ein, daß der Sekretär ihres Vaters eine unerklärliche Unruhe in ihrem jungen Herzen weckte. Und mit keinem Wimperzucken verriet sie ihm, daß sie mehr für ihn empfand, als es in ihrem gegenseitigen Verhältnis nötig erschien.

Ahnungslos freute sich Herr Hartmann an dem munteren frischen Ton, in dem seine Tochter mit seinem Sekretär verkehrte. Daß dieser Baron war, hob ihn in seinen Augen über das Niveau eines Untergebenen. Aber nie hätte er daran gedacht, daß seine Tochter noch viel mehr vergaß, daß der Baron hier im Hause in einer immerhin untergeordneten Stellung war und als Sekretär nicht die Augen zur Tochter seines Herrn erheben durfte. Der Baron gefiel ihm von Tag zu Tag besser, und er erwarb sich mehr und mehr sein Vertrauen.

Inzwischen war der Freiherr von Goltzin – ein Herr Anfang der Fünfzig, mit einem sehr einschmeichelnden und hilfsbereiten Wesen – oft im Hause des Herrn Hartmann gewesen, und er war oft lange Zeit mit Herrn Hartmann allein.

Eines Tages befand sich dann auch Fürst Edgar Nordheim in seiner Gesellschaft. Herr Hartmann wußte vorher genau die Zeit dieses Besuches und erbat sich aufgeregt allerlei Verhaltungsmaßregeln von seinem Erzieher, wie er dem Fürsten in seinem Hause zu begegnen hatte.

»Wissen Sie, lieber Baron, ich möchte um keinen Preis einen schlechten Eindruck auf den Fürsten machen. Denn im Vertrauen, es ist so gut wie sicher, daß sich der Fürst um die Hand meiner Tochter bewerben wird«, sagte er zu dem Baron, ehe er ging, den Fürsten zu begrüßen.

Baron Oldenau hatte ein seltsames Gefühl bei diesen Worten. Sie gingen ihm wie ein Stich durchs Herz. Etwas zerstreut gab er dem alten Herrn noch einige Lehren mit auf den Weg.

Dieser rückte nervös an seiner Weste, warf sich in Positur und wiederholte, was ihm sein Erzieher eingeprägt hatte.

»Ja, ja ... Durchlaucht und in der dritten Person. Und nicht servil, sondern ruhig und gelassen wie jedem anderen gerngesehenen Gast gegenüber. Ich darf nicht vergessen, daß der

Fürst jung ist und ich ein alter Mann bin. Und so muß ich mich vor ihm verbeugen und ihn bitten, Platz zu nehmen.«

Der Baron sah mit einem seltsamen Blick auf den alten Herrn. »Es wird alles gutgehen, Herr Hartmann. Sie dürfen nur Ihr Selbstvertrauen nicht verlieren und nicht so nervös sein. Ein Fürst ist auch nur ein Mensch, und Sie haben es nicht nötig, sich aufzuregen, weil Ihnen Fürst Nordheim einen Besuch macht. Behandeln Sie ihn ganz wie jeden anderen Gast, nur vergessen Sie nicht die richtige Anrede.«

Herr Hartmann nickte und ging nun eilig davon.

Baron Oldenau sah ihm mit starren Augen nach. Seine Zähne bissen sich fest aufeinander.

Also Fürstin Nordheim? Ob sie wohl eine Ahnung hat, wes Geistes Kind dieser Mann ist, dessen Frau sie werden soll? dachte er.

Er kannte den Fürsten Edgar Nordheim. Dieser hatte vor Monaten einige Wochen in der früheren Garnison des Barons gelebt und in seinem Dragonerregiment viel verkehrt. – Sein Lebenswandel hatte jedoch viel zu wünschen übriggelassen. Allerlei kleine Skandalgeschichten waren über ihn im Umlauf gewesen, und Baron Oldenau hatte selbst zufällig Gelegenheit gehabt, den Fürsten in einer keinesfalls ehrenhaften Situation zu erleben, die ihn mit Abscheu gegen diesen jungen Wüstling erfüllte. Schließlich war der Fürst unter Hinterlassung eines erheblichen Schuldkontos von der Bildfläche verschwunden, um nach Berlin zu reisen. Und nun kreuzte er hier wieder seinen Weg – als Bewerber um die Hand der jungen Millionärin.

Unruhig ging Baron Oldenau auf und ab. Er war momentan nicht fähig zu arbeiten. Deutlicher als je zuvor fühlte er, daß er für Margot Hartmann mehr empfand, als seiner Herzensruhe gut war. Er gönnte sie diesem Bewerber nicht, der unter dem Schutz seines fürstlichen Namens ein ausschweifendes Leben führte, auf Kosten seiner zahlreichen Gläubiger.

War es nicht seine Pflicht, Herrn Hartmann zu warnen, ihm

zu sagen, wie der Mann beschaffen war, dem er seine Tochter ausliefern wollte — nur weil er ein Fürst war?

Aber er antwortete mit einem Kopfschütteln auf diese seine Frage. Nein, es war weder seine Pflicht noch hatte er ein Recht dazu, diese Warnung auszusprechen. Er war in diesem Hause nichts als ein Untergebener, der in solchen Fällen nur reden durfte, wenn er gefragt wurde. Vielleicht dies nicht einmal. Er mußte gewärtig sein, wenn er warnen wollte, daß man ihm sagen würde: Das sind Dinge, die Sie nichts angehen!

Mit zusammengebissenen Zähnen setzte sich Baron Oldenau endlich an den Schreibtisch, um aufgetragene Arbeiten zu erledigen.

Aber Margots reizendes Gesicht mit dem entzückenden Schelmengrübchen stand dabei vor seiner Seele und sah ihn mit lachenden Augen an — mit Augen, die warm und sonnig in sein Herz hineinleuchteten.

Muß ich ruhig zusehen, wie sie diesem fürstlichen Wüstling ausgeliefert wird? Was gäbe ich darum, hätte ich ein Recht, sie zu warnen! dachte er.

Freiherr von Goltzin zeigte ein etwas affektiert-elegantes Äußere. Sein Haar war jugendlich schwarz gefärbt, seine Kleidung übertrieben elegant. Er trug ein Monokel, und Haar und Bart waren sorgfältig gepflegt. Seine Art, sich zu geben, war einige Nuancen zu liebenswürdig und schmeichlerisch. Niemand wußte so recht, wovon er lebte, niemand verkehrte unbedingt vertraulich und intim mit ihm. Und doch ging man ihm auch nicht direkt aus dem Wege, um ihn nicht zu brüskieren. Er wußte zu viel, hatte eine unangenehme Virtuosität, die heikelsten und subtilsten Geheimnisse zu erspähen und sich bei passenden Gelegenheiten damit Vorteile zu verschaffen. Eingeweihte wußten, daß er diskret vornehme Heiraten vermittelte und ähnliche ›Gefälligkeiten‹ erwies.

Er wußte tatsächlich immer den Schein zu wahren, als erweise er nur einen Dienst. Daß er sich dafür bezahlen ließ, konnte niemand direkt behaupten. Aber man durfte ihm als Gegenleistung eine Gefälligkeit erweisen, die sich in Zahlen ausdrücken ließ. Mit einem untrüglichen Instinkt witterte der Fürst Gelegenheiten, auf diese Weise vermögenden Leuten seine Dienste anbieten zu können. Und so hatte er sich auch Herrn Hartmann angeschlossen und diesem versprochen, ihn in die vornehmsten Kreise einzuführen.

Weder Herr Hartmann noch seine Tochter ahnten, daß der Freiherr seine Gefälligkeiten sozusagen professionell ausübte. Zwar konnte ihn Margot nicht leiden, aber sie wußte doch nicht, daß er nicht ganz einwandfrei war. Und Herr Hartmann war viel zu froh, einen so brauchbaren Menschen für seine Zwecke gefunden zu haben, als daß er ihm kritisch gegenübergestanden hätte.

Auch an Fürst Nordheim hatte sich der Freiherr mit seinem sicheren Instinkt herangemacht und ihm in diskreter Weise seine Vermittlung angeboten, falls er eine reiche Partie suche. Der Fürst hatte ihm ganz offen gesagt, daß er deshalb nach Berlin gekommen sei und wie hoch seine Ansprüche wären. Freiherr von Goltzin hatte ein gutes Geschäft für sich gewittert und gemerkt, daß er mit dem Fürsten offen reden konnte. So waren diese beiden Ehrenmänner schnell einig geworden, und der vorläufige Erfolg war nun der Besuch des Fürsten in der Villa Hartmann.

»Anschauen muß man sich halt die junge Dame ein wenig«, hatte Fürst Nordheim in seiner leicht wienerisch gefärbten Aussprache gesagt.

Die beiden Herren saßen im Empfangszimmer der Villa Hartmann und warteten auf den Hausherrn, dem sie sich hatten melden lassen. Als dieser eintrat, ging ihm Herr von Goltzin mit seinen gewollt jugendlichen Bewegungen entgegen und reichte ihm die Hand.

»Ach, mein lieber Herr Hartmann, ich freue mich, Sie zu sehen! Sie sehen brillant aus, wie immer. Und Ihr entzückendes Heim umgibt jeden Besucher sofort mit Behagen. Durchlaucht haben auch schon zu bemerken geruht, daß er die Ausstattung dieses Zimmers süperb findet . . . ganz süperb.«

Herr Hartmann verneigte sich tadellos vor dem Fürsten. »Durchlaucht erweisen mir eine hohe Ehre mit Ihrem Besuch. Es freut mich, Durchlaucht in meinem Hause begrüßen zu können.«

Fürst Edgar Nordheim trat Herrn Hartmann ebenfalls entgegen und streckte ihm mit etwas herablassender Freundlichkeit die Hand entgegen.

»Ich bitt' schön, mein lieber Herr Hartmann, keine Umstände. Es ist natürlich für mich ein Pläsier, Sie aufsuchen zu dürfen. Der Herr von Goltzin hat recht, es ist sehr behaglich bei Ihnen. Ich freue mich sehr . . . ohne Phrase.«

»Das ist sehr schmeichelhaft für mich, Durchlaucht.«

»Oh, ich sprech' halt nur aus, was ich empfinde.«

Die Herren nahmen Platz und plauderten ein wenig. Und nach einer Weile sagte der Fürst, ein wenig nervös:

»Ich hoffe, mein lieber Herr Hartmann, Sie erweisen mir die Ehre, mich Ihrem Fräulein Tochter vorzustellen.«

Herr Hartmann strahlte. Er sah an der feschen, eleganten Erscheinung des Fürsten empor. Daß dieser ein ziemlich geistloses, nichtssagendes Gesicht hatte und daß um seinen Mund ein schlaffer, übersättigter Zug lag, bemerkte er nicht. Häßlich war der Fürst nicht, und seine große, schlanke Gestalt wirkte so vornehm, daß Herr Hartmann alles andere darüber vergaß.

»Wenn Durchlaucht gestatten, lasse ich meine Tochter sofort benachrichtigen.«

»Ich bitt' schön, tun Sie das.«

Herr Hartmann klingelte, und eingedenk seines Erziehers sagte er zu dem eintretenden Diener: »Ich lasse meine Tochter bitten, sich hierherzubemühen.«

Herr von Goltzin griff nun in die Unterhaltung ein, und als wenige Minuten später Margot erschien, fand sie die drei Herren in angeregtester Unterhaltung.

Als der Fürst ihr vorgestellt wurde, sah sie ihn einen Moment mit einem forschenden Blick an. Im übrigen begrüßte sie ihn so ruhig und selbstverständlich, als sei sie gewöhnt, täglich Fürsten in ihrem Salon zu empfangen. Fürst Nordheim imponierte ihr sichtlich sehr wenig. Er machte keinerlei Eindruck auf sie, und sie fand, daß er ein sehr nichtssagender Mann sei. Im stillen verglich sie ihn mit dem Sekretär ihres Vaters, und ihrer Ansicht nach war entschieden der letztere die imponierendere Persönlichkeit von beiden.

»Ich hab' schon lange den Wunsch gehabt, mein gnädiges Fräulein, Ihre Bekanntschaft zu machen. Wie gefällt es Ihnen in Deutschland?« begann der Fürst die Unterhaltung mit Margot.

»Es gefällt mir sehr gut, Durchlaucht. Ich habe mich immer danach gesehnt, die Heimat meines Vaters kennenzulernen, und ich freue mich, daß ich hier bin.«

»Sie haben drüben in New York gelebt, nicht wahr?«

»So ist es.«

»New York ist wohl grandios ... es muß Ihnen doch in Berlin alles ein wenig rückständig vorkommen?«

»O nein, eigentlich ist es mir viel zuwenig rückständig. Ich habe es mir viel stiller und beschaulicher vorgestellt nach den Berichten meines Vaters.«

»Du darfst nicht vergessen, Margot, daß Berlin vor mehr als dreißig Jahren anders aussah als jetzt. Ich bin selbst überrascht, wie enorm es sich entwickelt hat«, bemerkte Herr Hartmann.

Margot nickte ihm lächelnd zu.

»Ich hätte fast lieber das Berlin von vor dreißig Jahren kennengelernt.«

»Oh, da müssen Sie nach Wien kommen, mein gnädiges

Fräulein! Ich glaube, da finden Sie schon eher, was Sie suchen. Wissen Sie, Wien ist halt im Vergleich zu Berlin wie ein wonniger Frühlingsmorgen zu einem heißen Sommertag oder ... wie eine reizende Gavotte zu einem lauten Militärmarsch. In Wien lebt man leichter, sorgloser als in Berlin. Man arbeitet halt dort nicht soviel wie hier.«

Es blitzte schelmisch in Margots Augen auf. »Nun, was das anbelangt ... man kann der Arbeit überall aus dem Wege gehen, wenn man sie nicht liebt ... auch hier in Berlin, Durchlaucht.«

Der Fürst merkte nicht den leisen Spott in diesen Worten. Er blickte enthusiasmiert in das lächelnde Mädchengesicht und sagte lebhaft: »Ah, da schau her! Gnädiges Fräulein haben mir ganz aus der Seele gesprochen. Die Arbeit ist halt für den Plebejer!«

Margots Lippen zuckten in unterdrückter Spottlust. Sie sah einen Moment forschend zu ihrem Vater hinüber. Dieser konnte, wie sie wußte, Menschen nicht leiden, die der Arbeit ängstlich aus dem Wege gingen.

Aber Herr Hartmann mochte wohl der Ansicht sein, daß ein Fürst das Recht hatte, der Arbeit aus dem Wege zu gehen. Sein Gesicht strahlte wie vorher.

»Bei nächster Gelegenheit müssen wir uns Wien einmal ansehen, Margot«, sagte er.

»O bitt' schön, dann müssen mir die Herrschaften gestatten, Ihr Führer zu sein. So leicht finden Sie keinen besseren als mich. Ich bin ja in Wien zu Haus und weiß genau, wo man sich da am besten amüsiert«, erbot sich der Fürst liebenswürdig.

Herr Hartmann verneigte sich. »Durchlaucht sind sehr gütig. Das nehmen wir natürlich mit Freuden an, nicht wahr, Margot?«

Margots Augen blitzten den Fürsten übermütig an. »Ich weiß nicht, ob wir Durchlaucht bemühen dürfen und ob

Durchlaucht auch gerade in Wien sind, wenn wir dorthin reisen.«

»Aber ich bitt' schön, dann reise ich natürlich expreß nach Haus. Ich überlasse es doch keinem anderen Menschen, Sie dort herumzuführen. Ist doch Ehrensache für mich, Ihnen Wien im besten Licht zu zeigen. Sie werden schauen, mein gnädiges Fräulein!«

Der Fürst hatte dem schönen Mädchen gegenüber seine herablassende Art aufgegeben und zeigte sich von seiner liebenswürdigsten Seite, um Eindruck auf sie zu machen. Wenn er in Betracht zog, daß sie mit ihrer kleinen Hand ungezählte Reichtümer zu vergeben hatte, dann erschien sie ihm recht begehrenswert. Zwar fürchtete er sich, seine Freiheit aufzugeben, aber wenn er sich aus allen pekuniären Kalamitäten retten wollte, blieb ihm eben kein anderer Ausweg als eine reiche Heirat. Im übrigen tröstete er sich mit dem Gedanken, daß er, wenn er das nötige Geld hatte, auch als verheirateter Mann sein mehr als flottes Leben fortsetzen konnte.

Freilich, daß dieses Mädchen schlichtweg Fräulein Hartmann hieß, erschwerte die Situation erheblich und war sehr bitter. Seiner adelsstolzen Mutter würde eine Verbindung zwischen ihm und einer Bürgerlichen sehr unangenehm sein – unangenehmer als ihm selbst. Aber schließlich – er brauchte scheußlich viel Mammon, und Aristokratinnen, die über ein Vermögen verfügten, wie er es brauchte, um seine Schulden zu bezahlen und seine Familiengüter wieder zurückzukaufen, waren sehr dünn gesät. Er hatte jedenfalls noch keine gefunden. Und die Zeit drängte, das Messer stand ihm an der Kehle.

Also Augen zu und vorwärts! Man muß halt schauen, wie man darüber hinwegkommt, daß die künftige Fürstin Nordheim eine geborene Hartmann ist. Ich werd's halt meiner Frau Mutter plausibel machen müssen – es hilft nix! dachte der Fürst bei sich.

Die Unterhaltung wurde von allen Seiten in dem Bemühen

geführt, keine Pausen aufkommen zu lassen, und Freiherr von Goltzin griff sofort ein, wenn der Gesprächsstoff auszugehen drohte.

Man sprach auch von der bevorstehenden Festlichkeit, die Herr Hartmann in Bälde zu geben gedachte. Die Saison sollte damit gewissermaßen eröffnet werden. Dazu hatte der Freiherr geraten. Die ersten Feste der Saison wurden gern besucht. Man konnte da sicherer auf die Zusage der Geladenen rechnen, als wenn schon überall Feste stattfanden.

Jedenfalls sagte Fürst Nordheim bestimmt sein Erscheinen zu, und das war Herrn Hartmann vorläufig die Hauptsache.

Zu seiner Genugtuung verabredete dann der Fürst mit ihm und seiner Tochter einen gemeinsamen Morgenritt durch den Grunewald. Vater und Tochter ritten ohnedies fast jeden Morgen aus, wenn das Wetter gut war. Und der Spätherbst hatte noch schöne Tage gebracht.

Schon am nächsten Morgen wollte Fürst Nordheim die Herrschaften abholen.

Margot konnte diese Verabredung nicht verhindern, und sie wollte es auch nicht. Ihrem Vater leuchtete das Vergnügen, mit einer Durchlaucht zusammen auszureiten, aus den Augen. Sie wollte ihm diesen Spaß nicht nehmen.

Die Herren verabschiedeten sich nun, und während der Fürst noch einige Worte mit Margot sprach, flüsterte Freiherr von Goltzin Herrn Hartmann mit einem verschmitzten Augenblinzeln zu: »Merken Sie was, Verehrtester? Durchlaucht haben bereits Feuer gefangen. Kein Wunder! Ihr Fräulein Tochter ist bezaubernd!«

Daran zweifelte Herr Hartmann nicht. Befriedigt rieb er sich die Hände, als sich die Herren entfernt hatten.

»Du hast entschieden Eindruck auf den Fürsten gemacht, Margot. Herr von Goltzin hat es auch bemerkt. Na, und ein reizender Mensch ist doch der Fürst auch, nicht wahr? Du kannst dich darauf verlassen, die Sache nimmt den gewünschten Verlauf, und du wirst Fürstin Nordheim«, sagte er zu seiner Tochter.

Margot sah gedankenverloren vor sich hin. Sie hätte am liebsten geantwortet: Ich mag nie, niemals die Frau dieses Fürsten werden, er ist mir nicht einmal sympathisch.

Aber sie schwieg. Solange es ging, wollte sie dem Vater nicht widersprechen, um ihn nicht zu reizen. Vielleicht dachte der Fürst gar nicht im Ernst daran, sich um ihre Hand zu bewerben. Wozu dann den Vater erst durch ihren Widerspruch aufregen? Sollte sich der Fürst aber tatsächlich um sie bewerben, dann fand sich wohl eine Gelegenheit, ihm begreiflich zu machen, daß es klüger von ihm sei, sich zurückzuziehen. Daß sie ihm ganz nebensächlich war und er in der Hauptsache um ihren Reichtum warb, erschien ihr unzweifelhaft. Das Herz würde ihm nicht brechen, wenn sie ihn abwies.

Sie beschloß also abzuwarten und den Dingen ihren Lauf zu lassen, bis sie tatsächlich eingreifen mußte. Eins stand schon heute bei ihr fest: die Gemahlin des Fürsten würde sie auf keinen Fall werden. Zwingen konnte sie der Vater doch schließlich nicht zu einer Heirat, die ihr im Innersten widerstrebte.

Inzwischen gingen der Fürst und Herr von Goltzin durch den Garten auf das Tor zu.

»Wie gefällt Euer Durchlaucht Fräulein Hartmann?« fragte der Freiherr. »Ist sie nicht entzückend?«

Der Fürst zuckte die Achseln. »Unter uns, mein lieber Herr von Goltzin, sie ist *au fond* nicht mein Typ. Ich mach' mir halt nix aus blonden Weibern. Aber sie ist schon eine sehr hübsche Erscheinung.«

»Bedenken Durchlaucht die Millionen ihres Vaters!«

»Na, ich werd' sie halt bedenken! An was denk' ich sonst? An ihrem Aussehen stoß' ich mich auch nicht weiter ... mag sie meinetwegen so blond sein wie sie will. Aber daß sie einfach Hartmann heißt – nix als Hartmann –, das wird meiner durchlauchtigsten Frau Mutter nicht glatt eingehen!«

»Ihre Durchlaucht wird sich doch wohl mit dem Gedanken vertraut machen müssen, wenn Durchlaucht wieder in Besitz Ihrer Güter kommen wollen.«

»Wem sagen Sie das, mein lieber Herr von Goltzin? Es gibt halt keine junge Dame von Stand, die soviel Geld hat, wie ich brauche. Es ist halt schon ein Kreuz mit dem elenden Mammon ... wenn ihn andere Leut' haben! Aber lassen Sie mir halt noch ein bisserl Zeit, bis ich mich an den Gedanken gewöhnt hab', meine Freiheit dranzugeben!«

Damit hatten die Herren das Tor erreicht und stiegen in das wartende Mietauto, in dem sie hergefahren waren. Und auf der Rückfahrt besprachen sie die Angelegenheit weiter in diesem Ton.

Fünftes Kapitel

Der Fürst hatte Herrn Hartmann und seine Tochter einige Male auf ihren Morgenritten begleitet. Er konstatierte dabei, daß Margot Hartmann gut zu Pferde saß und auch einen äußerst graziösen Anblick bot. Man hätte sie gut für eine Aristokratin halten können.

Ihrem Vater merkte man freilich den ›Plebejer‹ an, selbst wenn er auf dem edelsten Pferd saß und einen von einem erstklassigen Schneider gearbeiteten Reitdreß trug.

Wenn sich Herr Hartmann auch keinerlei Entgleisung zuschulden kommen ließ – dank dem hinter den Kulissen arbeitenden Erzieher –, so lag doch immer ein gewisses Etwas in seiner Erscheinung und in seinem Tun, das der Fürst eben als plebejisch bezeichnete. Wenn sich der Fürst im Geiste seine stolze Mutter neben Herrn Hartmann vorstellte, kam ihn das Grausen an. Und das eine stand fest bei ihm, wenn er wirklich Fräulein Hartmann zur Fürstin Nordheim machte, dann würde er sich den plebejischen Schwiegervater energisch vom Halse halten. Wenn er eine Ahnung gehabt hätte, daß Herr Hartmann schon Pläne machte, stets in nächster Nähe seiner Tochter zu weilen, dann wäre ihm wohl sehr bange geworden.

Inzwischen hatte Herr Hartmann mit seinem Sekretär verschiedene Konferenzen gehabt bezüglich des geplanten Festes. Baron Oldenau gab verschiedene Anregungen zur interessanten und originellen Ausstattung desselben. Herr Hartmann sah, daß er ihm die ganzen Vorbereitungen vertrauensvoll überlassen konnte, und forderte ihn nur auf, alles mit seiner Tochter zu besprechen. Er selbst beschränkte sich darauf, vergnügt zuzuhören und die nötigen Gelder anzuweisen. Jedenfalls sollte das Fest glanzvoll werden und ihn und seine Tochter effektvoll in der Berliner Gesellschaft einführen.

Baron Oldenau hatte sich rasch in seine Stellung eingearbeitet und fand sich mehr und mehr mit seiner veränderten Lage ab. Er verhehlte sich nicht, daß er mit dieser Stellung Glück gehabt hatte und viel schlechter damit hätte ankommen können. Sie war eine sehr angenehme, und soviel Herr Hartmann in gesellschaftlicher Beziehung von ihm lernen konnte, so viel lernte er von Herrn Hartmann in geschäftlicher Beziehung. Der alte Herr hatte auch in seinem sogenannten Ruhestand noch allerlei geschäftliche Bürden in Händen, und der Baron staunte immer wieder über das geschäftliche Genie des alten Herrn und über die Unsummen, die dabei eine Rolle spielten.

Dem Baron blieb zu seiner Freude genug Zeit und Freiheit in seiner Stellung, um auch an sich zu denken. Er konnte nach Belieben ausgehen, wenn Herr Hartmann seiner nicht bedurfte, und so konnte er seine Mutter häufig besuchen und ihr berichten, daß es ihm gutging und er zufrieden war.

Die Baronin war daher ziemlich ausgesöhnt mit der Stellung ihres Sohnes.

Wie er im Herzen zu Margot Hartmann stand, das verschwieg er aber seiner Mutter, um sie nicht zu beunruhigen.

Zwischen ihm und Margot herrschte jetzt zuweilen eine seltsam verhaltene Stimmung. Der Baron wußte um den Verkehr des Fürsten mit Vater und Tochter, und in seinem Herzen brannte Eifersucht. Wie Margot im Herzen zu dem Fürsten stand, konnte er nicht ergründen, doch zweifelte er kaum noch daran, daß sie ihn eines Tages heiraten würde. Und dieser Gedanke trieb ihm immer wieder das Blut zum Herzen und verursachte ihm namenlose Pein.

Eines Morgens hatte er einen Spaziergang in dem herbstlichen Garten gemacht, weil Herr Hartmann noch nicht von seinem Morgenritt zurück war. Während er auf den kiesbestreuten Wegen dahinschritt, sah er Vater und Tochter, vom Fürsten begleitet, heimkommen. Der Fürst verabschiedete sich am Gartentor von den Herrschaften und drückte einen sehr langen und ausdrucksvollen Kuß auf Margots Hand. Wie diese den Handkuß aufnahm, konnte Baron Oldenau nicht sehen, weil Margot ihm ihr Gesicht nicht zuwandte.

Glühende, brennende Eifersucht stieg in ihm auf. Mit zusammengebissenen Lippen und düsteren Augen starrte er auf die Gruppe. Erst als der Fürst davonritt und Vater und Tochter langsam auf dem breiten Wege bis zu dem Portal der Villa ritten, kam wieder Leben und Bewegung in seine Gestalt.

Er eilte zum Portal und kam gerade zurecht, um Margot beim Absteigen vom Pferd behilflich zu sein.

Sie sah, als er vor ihr stand, mit einem Blick zu ihm herab, den er sich nicht zu deuten wußte, und ließ sich willig von ihm vom Pferd heben.

Als er ihre schlanke Gestalt in seinen Armen fühlte, kam plötzlich das unsinnige Verlangen über ihn, sie fest an sich zu pressen und ihr heiße, leidenschaftliche Worte zuzuflüstern. Er mußte die Zähne zusammenbeißen, um seine Selbstbeherrschung nicht zu verlieren. Und Margot lag einen Augenblick haltlos in seinen Armen. Sie fühlte etwas Heißes, Unsagbares, Niegekanntes durch ihre Adern strömen. Es war ein Moment des Versagens der Selbstbeherrschung auf beiden Seiten. Aber sie waren beide zu sehr mit sich selbst und der eigenen Unruhe beschäftigt, als daß sie einander beobachten konnten.

Sie atmeten beide schwer, aber der gefährliche Moment ging vorüber, ohne daß sie sich einander verraten hätten. Der Baron gab Margot aus seinen Armen frei und trat mit einer Verbeugung zurück. Und Margot raffte umständlich ihr Reitkleid empor, um ihre Erregung zu verbergen, während sie ihm für seine Hilfe dankte.

Herr Hartmann plauderte sogleich sehr lebhaft mit dem Baron, so daß dieser ihm seine Aufmerksamkeit zuwenden mußte. Dabei entging ihm aber nicht, daß Margot ein Spitzentaschentuch entfiel, das sie zwischen die Knöpfe ihres Reitkleides geschoben hatte.

Er bückte sich schnell danach und hob es auf. Da Margot aber bereits unter dem Portal verschwunden war, behielt er es wie absichtslos in der Hand. Und als sich nach wenigen Minuten auch Herr Hartmann zurückzog, um sich umzukleiden, und der Baron eine Weile allein in dem Vestibül stand, preßte er plötzlich das Tuch an seine Lippen, an seine Augen und steckte es in seine Brusttasche.

Er hätte viel darum gegeben, wenn er ein Recht gehabt hätte, Margot vor dem Fürsten zu warnen. Wenn er auch keine Hoffnung hatte, sie je für sich zu gewinnen, so schmerzte es ihn doch sehr, daß er tatenlos zusehen mußte, wie sich der Fürst um sie bewarb.

In den Tagen vor dem Fest kamen täglich Besucher in die Villa Hartmann. Herr von Goltzin war eifrig an der Arbeit, er führte die meisten der aristokratischen Herrschaften ein und hatte dafür gesorgt, daß sie die Einladung zu dem Fest annahmen.

Herr Hartmann hatte Herrn von Goltzin dafür andere Gefälligkeiten erwiesen. Wiederholt hatte er ihm ganz stattliche Summen ausgehändigt, weil der Freiherr merkwürdig oft sein Portemonnaie vergaß und kein Geld bei sich hatte.

Natürlich dachte der Freiherr nicht daran, diese Summen zurückzugeben, und Herr Hartmann dachte nicht daran, sie zurückzufordern. Für ihn und seine Pläne war der Freiherr eben von unschätzbarem Wert, und er ließ sich diese Bekanntschaft gern etwas kosten. So rückte das Fest immer näher heran, und Baron Oldenau hatte viel zu tun mit den Vorbereitungen.

Bei Tisch traf er nach wie vor täglich mit Margot zusammen. Sie zeigte sich ihm in ihrer heiteren, liebenswürdigen Art und verstand es sehr wohl, ihm ihre unruhigen Gefühle zu verbergen. Auch er behielt sich in der Gewalt. Sie plauderten stets lebhaft miteinander und hatten allerlei über die Festvorbereitungen zu sprechen. Wegen dieser Vorbereitungen trafen sie sich auch in den letzten Tagen vor dem Fest mehr als sonst.

Am Morgen des Tages, da es stattfinden sollte, war der erste Schnee gefallen. Zu des Barons Genugtuung hatten in den letzten Tagen wegen des ungünstigen Wetters keine Morgenritte mehr stattfinden können.

Der Schnee verschwand zwar im Laufe des Tages unter dem Einfluß der Sonnenstrahlen, aber jedenfalls hatte der Winter seine Visitenkarte abgegeben.

Am Morgen des Festes sandte Fürst Nordheim Margot Hartmann einen Strauß wundervoller Rosen. Sie stand gerade mit Baron Oldenau im großen Festsaal, wo die Dekorateure noch eifrig bei der Arbeit waren, als ihr die Rosen überbracht wurden.

Sie nahm dem Diener das Kuvert, das die Blumen begleitete, ab und öffnete es. Die Karte des Fürsten war darin enthalten, und auf derselben stand unter seinem Namen und Titel: *Erlaubt sich Ihnen, mein gnädiges Fräulein, in Verehrung einen Morgengruß zu senden und hofft auf ein Wiedersehen heute abend.*

Baron Oldenau beobachtete Margot mit eifersüchtigen Augen, während sie das Billett las. Er wußte, daß die Blumen vom Fürsten kamen. Am liebsten hätte er dem Diener die Rosen aus der Hand gerissen und sie zum Fenster hinausgeworfen.

Margot steckte die Karte in das Kuvert zurück und nahm dem Diener einen Moment die Blumen ab. Sie neigte ihr Gesicht darüber und gab sie dann zurück.

»Stellen Sie die Blumen in eine Vase und geben Sie ihnen Wasser. Aber nicht in mein Zimmer stellen ... sie duften zu stark«, sagte sie.

Der Baron freute sich, daß die Blumen des Fürsten so ohne weiteres aus Margots Zimmer verbannt wurden. Als der Diener sich entfernt hatte, sagte er wie beiläufig: »Es waren prachtvolle Rosen, mein gnädiges Fräulein.«

Sie zuckte gleichgültig die Achseln. »Ja, sie waren schön ... Fürst Nordheim hat sie mir gesandt. Aber ich mag keine duftenden Blumen in meinen Zimmern leiden, sie verursachen mir Kopfweh.«

»In Anbetracht des heutigen Festes wäre es allerdings sehr schade, wenn Sie Kopfweh bekämen.«

Sie lachte ein wenig. »Ja, das wäre schade. Ich verspreche mir viel Amüsement für heute abend und möchte auf dem Posten sein, damit ich mich gut in der Berliner Gesellschaft einführe.«

»Das werden Sie bestimmt tun.«

»Glauben Sie, Baron?« fragte sie schelmisch.

»Ich bin überzeugt davon.«

»Nun, wer weiß. Es ist ja eine sehr illustre Gesellschaft, die Papa geladen hat. Sein Ehrgeiz wird zufriedengestellt sein.«

»Und der Ihre?« fragte er leise.

Sie sah schnell zu ihm auf. »Ich glaube, in dieser Beziehung ist mein Ehrgeiz nicht sehr groß. Aber Papas wegen freut es mich, daß die Herrschaften alle zugesagt haben. Es ist eine kleine Schwäche von ihm, dieser Wunsch, einen aristokratischen Umgang zu haben. Ich glaube, es ist die einzige Schwäche meines Vaters. Sie entspringt keinen unedlen Motiven, und ich muß sie trotz allem liebenswert finden. Hat doch sogar die Sonne Flecken. Und ohne diese kleine Schwäche wäre mein Vater vielleicht zu vollkommen. Können Sie sich denken, daß man auch die Schwächen eines Menschen liebenswert finden kann?«

Er sah sie warm und herzlich an. »O ja, das kann ich mir sehr gut denken! Ich habe Ihren Herrn Vater als einen sehr wertvollen Menschen kennengelernt und bin gleichfalls der Ansicht, daß diese kleine Schwäche keinen unedlen Motiven entspringt. Sie basiert auf der Liebe zu Ihnen, mein gnädiges Fräulein. Ich glaube, Ihr Herr Vater sucht nur Ihretwegen vornehmen Umgang.«

Sie nickte und seufzte leise. »Ja, so ist es. Ich muß gestehen, daß auch ich gern mit vornehmen Menschen verkehre. Aber bitte, verstehen Sie mich nicht falsch, Baron, und fühlen Sie sich als Aristokrat nicht getroffen durch meine Worte, wenn ich Ihnen sage, daß ich die Vornehmheit nicht da suche, wo sie mein Vater sucht. Es gibt Aristokraten, die sehr wenig vornehm sind, und es gibt Menschen aus den schlichtesten Kreisen, die eine durchaus edle Gesinnung haben. Ich suche die Vornehmheit nicht im Namen, nicht im Zufall der Geburt, sondern im Herzen, im Empfinden eines Menschen.«

Baron Oldenaus Augen leuchteten auf. »Ganz meine Ansicht, mein gnädiges Fräulein. Ihr Herr Vater wird das übrigens auch noch herausfinden.«

»Ich hoffe, daß er vorher nicht zu viel Lehrgeld zahlen muß.

Aber nun zeigen Sie mir die Tischordnung für heute abend, bitte.«

Der Baron breitete einen Plan vor ihr aus, auf dem die Tischordnung aufgezeichnet war. »Da ist sie.«

»Oh, wie übersichtlich haben Sie das gemacht! Das deutet auf Übung.«

Er verneigte sich. »Bei Festlichkeiten im Regiment habe ich oft das Arrangement übernommen. Und früher, als Oldenau noch uns gehörte und mein Vater durch seine Stellung bei Hofe zum Repräsentieren gezwungen war, gab es auch große Festlichkeiten bei uns. Daher habe ich einige Übung.«

Sie sah ihn seltsam an. Ihr war, als müsse sie ihn trösten, daß sein Leben jetzt eine so ganz andere Wendung genommen hatte. Aber sie wußte nicht, ob ihn das nicht verletzen würde. So fragte sie schnell: »Wo habe ich meinen Platz?«

Er zeigte es ihr auf dem Plan. »Hier, mein gnädiges Fräulein, Fürst Nordheim wird Sie zu Tisch führen.«

Sie sah auf den Plan nieder. »Also der Fürst? Weil er der vornehmste unserer Gäste ist nach Namen und Rang?«

Es blitzte in seinen Augen auf. Wie gern hätte er ihr gesagt, um sie zu warnen: »*Nur* nach Namen und Rang.« Aber er fühlte, daß er kein Recht dazu hatte, und sagte nur:

»Außerdem wünschte Ihr Herr Vater, daß der Fürst Ihr Tischherr sein sollte.«

Es erschien ein ganz kleines Unmutsfältchen auf Margots Stirn, aber es verschwand gleich wieder, und sie sagte ruhig: »Also gut, ich bin orientiert. Wo werden Sie sitzen, Baron?«

Er zeigte ihr seinen Platz, den er bescheiden – seiner Stellung eingedenk – am Ende der hufeisenförmigen Tafel gewählt hatte.

Sie schüttelte energisch den Kopf. »Nein, da unten dürfen Sie nicht sitzen!«

»Doch, mein gnädiges Fräulein. Sie dürfen nicht vergessen, daß ich hier im Hause nur ein Angestellter bin.«

Sie sah ihn fest an. »Ich will nicht, daß Sie sich da unten placieren. Heute abend sind Sie unser Gast, wie all die anderen auch, und haben die gleichen Rechte. Vielleicht noch mehr, denn Sie stehen Papa und mir als Hausgenosse näher, als all die fremden Menschen. Ich dulde nicht, daß Sie sich deplacieren, Baron!«

Es klang sehr erregt, und Baron Oldenau fühlte es warm in seinem Herzen aufsteigen. Er sah Margot mit einem Blick an, der ihr den Herzschlag beschleunigte.

»Es ist sehr freundlich von Ihnen, mein gnädiges Fräulein, daß Sie mir mit Ihren Gästen gleiche Rechte einräumen wollen. Aber ich darf das nicht annehmen. Ich bin nichts als der Sekretär Ihres Herrn Vaters. Was würde er sagen, wollte ich meine Stellung so vergessen?«

Sie hatte sich wieder in der Gewalt. »Sie sollen ja Ihre Stellung gar nicht vergessen ... ich meine, die Stellung, die sie im geheimen ausüben, als Papas Erzieher«, sagte sie schelmisch. »Ich finde es gerade deshalb nötig, daß Sie hier oben bei uns sitzen, möglichst neben Papa. Er wird Sie vielleicht brauchen, das dürfen Sie nicht vergessen.«

Er war so in ihren Anblick vertieft, daß er zusammenzuckte, als sie sich wieder aufrichtete. Aber er war imstande, ganz gelassen zu erwidern: »Wenn Ihr Herr Vater meine Nähe wünschenswert findet, ist das natürlich etwas anderes. In diesem Fall müßte er jedoch selbst meinen Platz bestimmen.«

»Nun gut, das werde ich mit Papa besprechen. Haben Sie übrigens unter den geladenen Gästen Bekannte von sich entdeckt?«

»Außer dem Fürsten Nordheim keinen, mein gnädiges Fräulein.«

Überrascht sah sie auf. »Sie kennen den Fürsten?«

»Ja, er verkehrte in meinem Regiment, als ich noch Offizier war. Er lebte einige Zeit in unserer Garnison.«

Sie sah ihn forschend an. »Wird es Ihnen unangenehm sein, ihm hier zu begegnen?«

Seine Augen blitzten stolz und fest in die ihren. »Ich habe keine Veranlassung, diese Begegnung zu fürchten!«

In Margots Herzen war ein Gefühl, als müsse sie ihm sagen: Der Fürst kann Ihnen das Wasser nicht reichen, und ich finde es viel ehrenhafter, daß Sie Ihren Unterhalt ehrlich verdienen, statt, wie er Jagd auf eine reiche Frau zu machen. Aber sie schwieg natürlich und sah eine Weile gedankenverloren vor sich hin. Auch Baron Oldenau schwieg und sah sie mit brennenden Augen an.

Nach einer Weile schrak sie auf aus ihren Gedanken und blickte zu ihm auf. »Haben Sie gestern Ihre Frau Mutter angetroffen? Sie wollten sie doch besuchen?« fragte sie ablenkend.

Seine Augen erhielten einen warmen Glanz, der Margot zum Herzen sprach. »Ja, mein gnädiges Fräulein, ich habe sie angetroffen.«

»Sie war hoffentlich wohl?«

»Gottlob! Und sie hat sich mit Würde in ihre veränderte Lage gefunden und ist jetzt ganz zufrieden, da sie mich zufrieden weiß in meiner Stellung.«

»Sind Sie das wirklich? Trauern Sie nicht Vergangenem nach?«

»Ich bin wirklich zufrieden und trauere Vergangenem nicht nach. Menschen wie ich dürfen nicht rückwärts schauen, nur vorwärts. Daß meine Mutter sich mit ihrem Schicksal abgefunden hat, macht mich genauso froh, wie sie es froh macht, daß ich zufrieden bin.«

»Sie haben Ihre Mutter sehr lieb, nicht wahr?«

»Ja, wenn sie nicht gewesen wäre, hätte ich Deutschland verlassen nach unserem wirtschaftlichen Ruin. Aber jetzt bin ich ganz froh, daß ich geblieben bin.«

Ehe sie antworten konnte, trat Herr Hartmann in den Saal.

Er war gerade von einer geschäftlichen Sitzung zurückgekommen.

»Nun, Baron, ist alles in Ordnung? Wird alles zur Zeit fertig sein?« fragte er.

»Sie können unbesorgt sein, Herr Hartmann.«

Margot ergriff die Gelegenheit, mit ihrem Vater über die Placierung des Barons zu sprechen.

»Denk dir, Papa, Baron Oldenau will dich bei Tisch deinem Schicksal überlassen und sich ganz unten an die Tafel setzen. Ich habe ihm begreiflich gemacht, daß das nicht angeht. Aber er will sich nur in deine Nähe setzen, wenn du es direkt wünschst, weil er meint, als dein Sekretär müsse er da unten sitzen.«

Herr Hartmann schüttelte energisch den Kopf. »Daraus wird nichts, Baron! Ich bedarf Ihrer heute abend ganz besonders und will Sie in meiner Nähe haben. Wenn ich etwas Dummes anstelle, müssen Sie mir auf die Füße treten. Ich will mich doch nicht mit allerlei Formfehlern in der Berliner Gesellschaft einführen. Sie sind heute abend unser Gast, der Gesellschaft gegenüber, es geht keinen Menschen etwas an, daß Sie mein Sekretär sind. Das ist nebenbei eine sehr honette Stellung, deren Sie sich weiß Gott nicht zu schämen brauchen.«

»Das tue ich auch nicht, Herr Hartmann. Müßte ich mich dieser Stellung schämen, hätte ich sie nicht angenommen.«

»Na also! Sie sind eben unseren Gästen gegenüber Baron Oldenau. Damit Punktum. Und Sie sitzen hier an meiner grünen Seite«, sagte Karl Hartmann lachend und klopfte dem Baron auf die Schulter.

Damit war die Angelegenheit erledigt, und Margot freute sich innerlich, daß sie dem Baron auf diese diplomatische Weise einen besseren Platz an der Tafel verschafft hatte.

Sechstes Kapitel

Am Festabend war vor dem Portal der Villa Hartmann ein Velarium aufgespannt, unter dem die Gäste gegen den wieder leise niederfallenden Schnee beim Aussteigen geschützt waren. Die Treppe, die zum Portal hinaufführte, war mit Teppichen belegt.

In langer Reihe fuhren die Wagen durch das offenstehende Gartentor bis vor das Portal. Freiherr von Goltzin hatte das Seine getan. Er hatte überall erzählt, daß Seine Durchlaucht, der Fürst von Nordheim, das Fest besuchen würde, und das hatte auch diejenigen zur Annahme der Einladung bewogen, die nicht recht gewußt hatten, ob sie kommen sollten oder nicht. Wenn sich Seine Durchlaucht nichts vergab, wenn er im Hause des Herrn Hartmann verkehrte, dann vergaben sich andere Aristokraten auch nichts.

Und im übrigen waren alle sehr befriedigt, dem Fest beiwohnen zu dürfen, denn es konnte als überaus glänzend und gelungen betrachtet werden und außerdem als sehr amüsant und originell. Was Herrn Hartmanns Geld und der gute Geschmack und die Erfindungsgabe des Barons und der Tochter des Hauses zu schaffen vermocht hatten, war bewundernswürdig. Das Fest verlief glänzend und war in allen Teilen als wohlgelungen zu betrachten.

Herr Hartmann zeigte sich – dank Baron Oldenaus Einfluß – den Anforderungen völlig gewachsen, die durch die Bewirtung der vornehmen Gäste an ihn gestellt wurden. Es fiel in keiner Weise auf, daß er zuweilen etwas unsicher war. Baron Oldenau war auf dem Posten und bewahrte ihn vor allen Entgleisungen.

Margot wurde natürlich sehr umschwärmt. Sie mußte es sich auch gefallen lassen, daß der Fürst ihr den Hof machte und ihr in seinem leicht wienerisch gefärbten Dialekt sehr viel Schmeichelhaftes sagte. Er tat dabei entschieden des Guten etwas zuviel, und Margot wußte nicht, ob sie sich darüber ärgern oder amüsieren sollte. Sie entschied sich schließlich für das letztere und nahm ihn von der komischen Seite, was er natürlich nicht ahnte.

Ihr jungfroher Übermut kam wieder einmal ganz zu seinem Recht. Sie sah zwar, daß der Fürst entschieden darauf lossteuerte, ihr näherzukommen, aber trotzdem gab sie sich noch nicht verloren. Wenn sie freilich die stolz und zärtlich auf sich ruhenden Blicke ihres Vaters sah, wenn der Fürst sich mit ihr beschäftigte, dann wurde ihr ein ganz klein wenig beklommen zumute. Sie merkte dem Vater an, daß er in ihr schon die künftige Fürstin Nordheim erblickte und in diesem Gedanken sehr glücklich war. Gern bereitete sie ihm nicht eine Enttäuschung.

Vor Beginn des Festes, als sie in ihrer kostbaren und entzückenden Toilette aus zartfarbigen, perlenbestickten Schleierstoffen über weichfallender Seide vor ihm stand, hatte der Vater zu ihr gesagt: »Du kannst dich an der Seite eines Fürsten sehen lassen, Margot. Wundervoll siehst du aus ... wie eine Märchenprinzessin! Und der Fürst ist auch ein hübscher, schneidiger Mann. Ihr werdet ein schönes Paar abgeben.«

Daran mußte sie denken, wenn der Vater zu ihr hinübersah. Verstohlen musterte sie von der Seite den Fürsten. Hübsch war er, auch schneidig und elegant, aber sie verlangte mehr von einem Mann, dem sie sich zu eigen geben sollte, viel mehr!

Früher hatte sie nie darüber nachgedacht. Aber in letzter Zeit war es oft geschehen, daß sie sich gefragt hatte, wie der Mann beschaffen sein müsse, dem sie gern ihre Hand fürs Leben gereicht hätte. Und da war sonderbarerweise immer Baron Oldenau vor ihrem geistigen Auge erschienen und mit einem unruhigen, heißen Empfinden hatte sie gedacht: So wie er müßte der Mann sein, der mich beglücken, den ich lieben könnte!

Fürst Edgar Nordheim erschien ihr wie ein Mensch, bei dem die äußeren eleganten Formen die innere Hohlheit übertünchten. Sie war sich in ihrem Innern ganz klar darüber, daß sie um keinen Preis seine Bewerbung annehmen würde. Und sie gab sich ihm gegenüber so, daß er darüber nicht im Zweifel hätte bleiben dürfen. Nur hielt der Fürst ihre ruhig-abwehrende Zurückhaltung für Ziererei. Er glaubte, sie sei mit ihrem Vater einig in dem Bestreben, Fürstin Nordheim zu werden. Und er hatte schon bei sich beschlossen, daß er sich um sie bewerben wollte, weil ihm eben kein anderer Ausweg blieb.

Während der Tafel sagte er zu Margot: »Morgen werde ich nach Wien reisen, mein gnädiges Fräulein.«

Sie sah ihn fragend an. »Wollen Durchlaucht Berlin für immer verlassen?«

Abwehrend hob er die Hand. »Ach nein, jetzt scheint doch nur in Berlin für mich die Sonne! Ich reise nur auf einige Tage dorthin, weil ich halt mit meiner Mutter etwas zu besprechen habe. Wenn ich zurückkomme, hoffe ich Sie wiederzusehen, mein gnädiges Fräulein.«

»Da ich während des ganzen Winters in Berlin zu bleiben gedenke, wird Durchlaucht vermutlich diese Hoffnung in Erfüllung gehen«, erwiderte Margot mit schelmischem Lächeln.

Da schau her, die Kleine ist ganz amüsant! dachte der Fürst. Man wird halt mit ihr besser dran sein, als mit einem spinösen, langweiligen Komtesserl. Wenn es dann schon einmal sein muß, daß ich mir die Ehefesseln überstreife, alsdann ist die noch nicht einmal die Schlimmste. Nur daß sie gerade Hartmann heißen muß, gar nix als Hartmann, das ist schon blöd. Meine Frau Mutter wird bestimmt Zustände bekommen, wenn sie hört, daß ich ein Fräulein Hartmann heimführen will. Aber man kann nix machen, man muß schauen, daß man herauskommt aus den Kalamitäten. Und der Alte hat das nötige Geld, das ich brauche. Also beißen wir schon in den sauren Apfel.

Das war der Gedankengang des Fürsten, während der zweite Gang serviert wurde. Und als er zugelangt hatte, sagte er zu seiner Tischdame: »Also auf frohes Wiedersehen nach meiner Rückkehr, mein gnädiges Fräulein! Ich darf doch dann kommen und mich erkundigen, wie Ihnen das heutige Fest bekommen ist?«

»Das dürfen Durchlaucht gewiß«, antwortete Margot.

Jetzt hatte der Fürst plötzlich den Baron Oldenau entdeckt, den ihm bisher ein blumengeschmückter Tafelaufsatz verborgen hatte.

»Da sehe ich ein bekanntes Gesicht, mein gnädiges Fräulein. Ist das nicht der Baron Oldenau von den Xer Dragonern, der neben Ihrem Herrn Vater sitzt?«

»Ja, Durchlaucht, das ist Baron Oldenau.«

»Ah, da schau her! Er trägt ja Zivil«, wunderte sich der Fürst.

»Ja, er hat seinen Abschied genommen.«

»Wahrscheinlich, um seine Besitzungen selbst zu verwalten. Servus, Servus, Baron!« Damit erhob der Fürst sein Glas, beugte sich vor und trank dem Baron grüßend zu.

Baron Oldenau erwiderte den Gruß und erhob gleichfalls sein Glas. Aber sein Gesicht behielt einen ernsten, formellen Ausdruck.

»Er ist halt ein bisserl langweilig, der Baron, ein bisserl arg ernsthaft«, fuhr der Fürst zu Margot gewandt fort.

Margot hatte den Baron beobachtet, und sie merkte sehr wohl, daß er sich absichtlich dem Fürsten gegenüber zurückhaltend gab. Geschah das, weil er sich in seiner Stellung hier im Hause beklommen fühlte oder weil er dem Fürsten antipathisch gegenüberstand? Sie sah immer wieder verstohlen zu dem Baron hinüber, und wenn sie seinem Blick begegnete, schlug ihr das Herz laut und stark in der Brust.

Es war selbstverständlich, daß die Tafel im Hause des Millionärs die erlesensten Genüsse der Saison bot und daß die

Weine erstklassig waren, daher war die Stimmung recht heiter. Eine unsichtbare Musikkapelle gab in diskreter Wirkung ein vorzügliches Konzert. Der undefinierbare Hauch mondänen Lebensgenusses lag über der Gesellschaft — die eine glänzende zu nennen war. Ob dieser Glanz in allen Teilen echt war, ließ sich natürlich nicht feststellen. Jedenfalls war man allseitig gewillt, sich zu amüsieren.

Als die Tafel aufgehoben worden war, zerstreuten sich die Gäste in zwanglosen Gruppen in den umliegenden Nebenzimmern, und die vornehm livrierten Diener reichten Mokka und Erfrischungen herum. Es wurde auch Gelegenheit gegeben, eine Zigarette zu rauchen. Das taten nicht nur die Herren, sondern auch einige Damen. Auch Margot ließ sich von dem Fürsten, der sie in eines der Nebenzimmer begleitet hatte, eine Zigarette anstecken. In demselben Moment kam Baron Oldenau vorüber. Der Fürst erblickte ihn und hielt ihn an.

»Servus, Baron, ich freue mich, Sie wiederzusehen! Aber ich bin erstaunt, Sie in Zivil zu sehen. Sie haben, wie mir das gnädige Fräulein sagte, den Abschied genommen. Sitzen wohl jetzt auf Ihren Gütern?«

Baron Oldenau richtete sich straff auf. »Nein, Durchlaucht, ich habe keine Güter mehr. Oldenau ist unter den Hammer gekommen, und . . . ich befinde mich hier im Hause als Sekretär des Herrn Hartmann.«

Fest und ruhig hatte er das gesagt, den Fürsten groß anblickend. Dieser starrte ihn peinlich betroffen an.

»Ah, da schau her! Das ist . . . hm . . . das ist halt eine sehr unangenehme Geschichte. Als Sekretär . . . hm . . . ja . . . was soll man dazu sagen?« stotterte er mit einem ziemlich blöden Gesichtsausdruck.

»Nichts soll man dazu sagen. Ich gestatte Durchlaucht selbstverständlich, mich nicht zu kennen.«

Klar und scharf kamen diese Worte über des Barons Lippen. Er verneigte sich, und seine Augen trafen dabei einen

Moment Margots. Sie erschrak vor dem Ausdruck seines Blickes. Der Baron tat ihr leid bis ins innerste Herz und doch bewunderte sie ihn. Sie ahnte, wie es seinen Stolz demütigen mußte, sich zu einer abhängigen Stellung zu bekennen. Und doch hatte er keinen Moment gezögert. Sie sah, daß er blaß geworden war, und als er sich nun rasch entfernte, ohne eine Antwort des Fürsten abzuwarten, wäre sie am liebsten mit ihm gegangen. Mit aufleuchtenden Augen blickte sie ihm nach.

»Aber ich bitt' schön, mein gnädiges Fräulein, wie ist dies möglich? Baron Oldenau, der Sekretär Ihres Herrn Vaters? Ich bin ganz konsterniert!«

Langsam wandte sich Margot zu dem Fürsten um, als er diese Worte in fassungslosem, peinlichem Staunen hervorgebracht hatte. Sie warf die Zigarette, die er ihr gereicht hatte, in einen Aschenbecher.

»Das sieht man Euer Durchlaucht an!« bemerkte sie spöttisch.

Er strich sich über sein glatt in die Stirn gekämmtes Haar. »Sie müssen bedenken, mein gnädiges Fräulein, der Baron war Offizier bei den Xer Dragonern, eines der feudalsten Regimenter . . . und nun Sekretär Ihres Herrn Vaters . . . da staune ich!«

Ihre Augen blitzten ihn ziemlich kriegerisch an. »Glauben Durchlaucht, daß Baron Oldenau dadurch etwas an seiner Menschenwürde eingebüßt hat? Sein Einkommen als Dragoneroffizier war, wie ich weiß, bedeutend geringer, als er es in seiner jetzigen Stellung bezieht.«

Der Fürst lächelte ein wenig herablassend. »Ich bitte um Verzeihung, mein gnädiges Fräulein, aber das verstehen Sie nicht, weil Ihnen halt unsere Verhältnisse fremd sind. Es ist ein enormer Unterschied zwischen einem Dragoneroffizier und einem Sekretär. Ich kann Ihnen das nicht erklären, das muß man halt im Gefühl haben. Aber lassen wir das, für mich ist der Baron erledigt. Da beginnt der Ball. Ich hab' die Ehre, den Tischwalzer mit Ihnen tanzen zu dürfen ... Ich bitt' schön!«

Und er verbeugte sich vor Margot und reichte ihr den Arm. Sie hätte sich am liebsten umgedreht, um ihn stehenzulassen. Ein Gefühl des Zorns gegen den Fürsten war in ihr. Sie fragte sich, ob es nicht weit vornehmer und ehrenhafter sei, sich wie Baron Oldenau durch ehrliche Arbeit seinen Unterhalt zu verdienen, als wie der Fürst als Schuldenmacher und Mitgiftjäger aufzutreten. Durch diese kleine Szene hatte sich der Fürst vollends die Sympathie bei ihr verscherzt und dafür hatte der Baron in noch höherem Maß ihre Hochachtung und Bewunderung errungen.

Margot wurde nun von allen Seiten umschwärmt und um Tänze gebeten. Dem Fürsten gelang es nicht mehr, ausschließlich den Platz an ihrer Seite zu behaupten. Und sie war darüber sehr froh. Er erschien ihr seit der Szene mit dem Baron unerträglich.

Ihre Augen blickten immer wieder suchend umher. Sie hatte den Baron noch nicht wiedergesehen. Er hielt sich dem Tanz fern.

Endlich entdeckte sie ihn in einem Erker, von schweren Damastvorhängen halb verborgen. Und ziemlich rücksichtslos machte sie sich frei aus dem Kreis ihrer Verehrer und ging hinüber zu ihm.

Der Baron sah mit blassem, zuckendem Gesicht zu ihr auf, als sie plötzlich vor ihm stand, und erhob sich schnell.

»Eigentlich müßte ich Ihnen zürnen, Baron!« stieß sie — ihre Erregung niederzwingend — hervor.

Er sah sie mit einem Blick an, in dem sich das bittere Weh seiner Eifersucht spiegelte.

»Womit habe ich Ihnen Veranlassung gegeben, mir zu zürnen, mein gnädiges Fräulein?« fragte er heiser mit mühsam niedergehaltener Erregung.

Er hatte sie, ohne daß sie es ahnte, kaum aus den Augen

gelassen und voll Bitterkeit die Notwendigkeit empfunden, sich ihr fernhalten zu müssen, während all die anderen Herren — vor allem der Fürst — sie umschwärmen durften.

Herr Hartmann war mit einigen anderen älteren Herren im Spielzimmer. Er bedurfte jetzt seines Erziehers nicht. So kam sich der Baron sehr überflüssig vor. Und die Begegnung mit dem Fürsten hatte ihn doch fühlen lassen, daß er als ein Deklassierter galt.

»Ich zürne Ihnen, weil Sie es noch nicht der Mühe für wert gefunden haben, mich um einen einzigen Tanz zu bitten.«

Er sah sie groß und ernst an. »Sie würden es doch wohl vermessen gefunden haben, wenn ich das gewagt hätte.«

Sie schüttelte den Kopf. »Vermessen? O nein! Nur höflich und artig hätte ich es gefunden.«

Es zuckte wie verhaltene Qual in seinen Zügen. »Sie dürfen nicht vergessen, daß ich ein Untergebener Ihres Herrn Vaters bin.«

Wie im Unmut zog sich Margots Stirn zusammen. »Sie sind unser Gast, wie alle anderen auch. Aber ich glaube, Sie sind viel stolzer und hochmütiger als die anderen Herrschaften, die hier anwesend sind. Sogar den Fürsten haben Sie abfallen lassen.«

»Um mich nicht der Gefahr auszusetzen, daß er mich abfallen ließ, was ganz sicher geschehen wäre. Ich bin gewiß nicht stolz und hochmütig und habe auch keine Veranlassung, es zu sein.«

»Veranlassung, stolz zu sein, haben Sie gewiß. Aber wenn ich Sie nicht auch für hochmütig halten soll, dann tanzen Sie den nächsten Tanz mit mir ... ich habe ihn für Sie freigehalten.«

Es leuchtete seltsam auf in seinen Augen. »Das haben Sie getan?«

»Sonst würde ich es nicht sagen.«

»Man wird es Ihnen verdenken, wenn Sie mit dem Sekretär

Ihres Herrn Vaters tanzen. Der Fürst wird es fast als Vergehen betrachten.«

Sie richtete sich zu ihrer schlanken Höhe auf und warf den Kopf in den Nacken. »Vorläufig hat der Fürst kein Recht, über mein Tun und Lassen ein Urteil zu fällen.«

Sein Gesicht zuckte. »Aber er wird es in kurzer Zeit haben. Ich weiß, daß es nur eine Frage der Zeit ist, daß Sie Fürstin Nordheim werden.«

Eine jähe Röte schoß in ihr Gesicht. »Hat Ihnen das mein Vater gesagt?«

»Ja.«

Sie preßte einen Moment die Lippen zusammen, als wolle sie ein unbedachtes Wort zurückhalten. Dann sagte sie mit erzwungener Ruhe: »Noch bin ich aber nicht Fürstin Nordheim, noch habe ich selbst darüber zu bestimmen, was ich tun und lassen will. Also tanzen Sie mit mir, oder wollen Sie unartig gegen mich sein?«

Er atmete tief auf. Und wenn es ihn seine Stellung gekostet, ihm tausend Unannehmlichkeiten bereitet hätte, er hätte jetzt nicht mehr auf diese Gunst verzichtet. Mit aufleuchtenden Augen, die Margot verrieten, wie gern er es tat, reichte er ihr, sich verbeugend, den Arm.

»Ihr Wille geschehe«, sagte er förmlich.

Es zuckte leise um ihren Mund, um ihre Grübchen. »Das sagen Sie wie ein Opferlamm, das zur Schlachtbank geführt wird«, neckte sie in übermütiger Glückseligkeit.

»Nein, wie ein Begnadigter«, erwiderte er mit verhaltener Stimme. Da schwieg sie, bis ins Innerste getroffen.

Und von seinem Arm umschlungen, flog sie im Tanz dahin. Und nie war Margot Hartmann so glücklich gewesen wie in dieser Stunde.

Der Fürst sah sie in des Barons Armen vorüberfliegen. Ah, da schau her! Das muß ich mir aber sehr verbitten, solche

Torheiten darf man sich nicht erlauben, wenn man Fürstin Nordheim werden will, dachte er.

Vorläufig hatte aber Margot Hartmann durchaus kein Verlangen, Fürstin Nordheim zu werden. Im Gegenteil, als sie von des Barons Armen umschlungen dahinflog, stürmten sehr rebellische, glückliche Gedanken durch ihre Seele, die mit dem Fürsten durchaus nichts zu tun hatten.

Und der Baron? Er hätte am liebsten das schlanke, reizende Geschöpf nicht mehr aus den Armen gelassen. Er fühlte beseligt ihre Nähe, atmete den Duft ihres goldig schimmernden Haares ein, und auch durch seine Seele stürmten aufrührerische Gedanken.

Sie so im Arm halten, zwingen, mir zu folgen, mit mir zu gehen in Not und Tod, wenn es sein muß – die Schätze heben, die in ihrem Innern ruhen, ihr selbst noch unbewußt, und sie festhalten für alle Zeit, allen Millionen zum Trotz – welch eine Wonne müßte das sein. Wenn ich sie dem Fürsten streitig machte? Warum soll ich kampflos zusehen, wie dieser Geck, dieser gewissenlose Wüstling, sie für sich zu gewinnen sucht? Was hat er zu bieten außer seiner Fürstenkrone? Nichts als einen leeren Kopf, als ein leeres Herz! Tausendmal zu schade für ihn, denn sie hat Qualitäten . . . und ich liebe sie!

So stürmte es durch seine Gedanken. Aber dann verstummte die Musik, der Tanz war zu Ende. Und er kam zu sich und vermochte wieder klar zu denken.

Wenn sie zufrieden ist mit dem, was der Fürst zu bieten hat, wenn sie ihm ihre Hand reicht, dann verdient sie es nicht besser. Sucht sie höhere Werte in einer Ehe, dann wird sie die Kraft finden, ihrem Vater zu trotzen und ihm zu zeigen, daß ihre Persönlichkeit mehr wert ist als eine Fürstenkrone. Sie wird sich bewußt werden und ihrem Vater begreiflich machen, daß sie mit dieser Verbindung herabsteigt, nicht hinauf!

Er atmete tief auf, ließ Margot aus seinen Armen und verneigte sich.

»Mein gnädiges Fräulein, ich danke Ihnen für die mir erwiesene Auszeichnung«, sagte er artig, aber ernst.

Sie sah ihn seltsam an, wie aus einem Traum erwacht. Ein süßes verlorenes Lächeln huschte um ihren Mund.

»Das sagen Sie mir mit einem Gesicht, als sei dieser Tanz eine Strafe für Sie gewesen«, neckte sie.

Er erblaßte ein wenig, sah sie mit brennenden Augen an und sagte erregt: »Wissen Sie, mein gnädiges Fräulein, daß Sie mit dem Feuer spielen?«

Sie errötete jäh, und ihre Augen öffneten sich weit. »Wie meinen Sie das, Baron?«

Er ließ seine Augen nicht von den ihren und sagte mit schwerer Betonung: »Sie haben mich verstanden. Bitte, gestatten Sie, daß ich mich zurückziehe. Es warten andere Herren auf die Gunst, mit Ihnen tanzen zu dürfen.«

Und ohne eine Antwort abzuwarten, trat er mit einer Verbeugung zurück.

Ehe Margot etwas erwidern konnte, war sie schon wieder von anderen Herren umringt. Sie war aber mit ihren Gedanken noch so ganz bei dem, was sie mit dem Baron gesprochen hatte, daß sie nur wie ein Automat plauderte und tanzte. Dabei klangen ihr immer wieder des Barons Worte in den Ohren: ›Wissen Sie, mein gnädiges Fräulein, daß Sie mit dem Feuer spielen?‹

Hatte er damit wirklich sagen wollen, daß sie seiner Herzensruhe gefährlich geworden war, daß das Feuer, mit dem sie nicht spielen sollte, in seiner Brust für sie glühte?

Das Herz schlug ihr bis zum Halse. Es brauste über sie dahin wie ein unerwarteter Glückstaumel. Sie hatte plötzlich eine namenlose Sehnsucht, allein sein zu können, die Augen zu schließen und nur an ihn, an ihn allein zu denken!

Als sie den Tanz beendet hatte, blickte sie sich suchend um. Wo war der Baron geblieben? Sie konnte ihn nicht entdecken und ahnte nicht, daß er neben den Musikern hinter einer hohen Blattpflanzengruppe stand und mit brennenden Augen zu ihr hinüberstarrte.

Er sah, daß sie sich suchend umblickte. Aber dann trat der Fürst zu ihr, und sie sah nun nicht mehr suchend umher. Also hatte sie wohl nach dem Fürsten Ausschau gehalten.

Sie unterhielt sich jetzt jedenfalls lange mit ihm. Er stand hinter ihrem Sessel und neigte sich zu ihr herab. Der Baron wäre am liebsten hinübergelaufen, um ihn von ihrer Seite zu reißen oder ihm in sein fades, lächelndes Gesicht zu schlagen.

Der Abend verlief weiter als eine Qual für ihn, und er war sehr froh, als das Fest zu Ende war und die Gäste sich zu entfernen begannen.

Als der Fürst sich von Margot und ihrem Vater verabschiedete, kam der Baron zufällig dazu und hörte, wie der Fürst sagte: »Also, wie ich versprochen habe, mein gnädiges Fräulein, sobald ich von Wien zurückkomme, werde ich mir gestatten, mich nach Ihrem Befinden zu erkundigen. Auf Wiedersehen alsdann.«

Der Fürst sah zwar den Baron, der Herrn Hartmann eine Meldung zu machen hatte, aber er nahm keine Notiz von ihm.

Er ist halt doch eine untergeordnete Persönlichkeit und hat die Gleichberechtigung verloren. Es ist ein Pech für ihn, daß er so abgewirtschaftet hat. Wenn man kein Geld hat, ist's ein Jammer — weiß ich aus Erfahrung. Aber da muß man doch nicht gleich Sekretär werden und sich selbst unmöglich machen. Er ist doch ein ganz fescher Kerl, warum hat er es nicht lieber mit einer reichen Heirat versucht? Ich kann mich doch unmöglich mit einem Untergebenen des Herrn Hartmann freundschaftlich begrüßen, dachte Fürst Nordheim und strich damit den Baron endgültig aus dem Kreis seiner Bekannten.

Herr Hartmann verabschiedete sich mit strahlender Miene von dem Fürsten. Freiherr von Goltzin hatte ihm vertraulich mitgeteilt, daß der Fürst nach Wien reisen wolle, um von seiner Mutter die Zustimmung zu seiner Verlobung mit Fräulein Margot Hartmann zu erbitten.

»Gleich nach seiner Rückkehr werden Seine Durchlaucht dann wohl eine ernste Frage an Sie zu richten haben, mein lieber Herr Hartmann. Apropos, ich habe meine Börse vergessen. Wollen Sie so freundlich sein, mir auszuhelfen? Ich will noch im Klub mit Seiner Durchlaucht zusammentreffen«, hatte er gesagt.

Und Herr Hartmann hatte ihm ohne Wimpernzucken einen nennenswerten Betrag ausgehändigt. »Mit Vergnügen, Herr von Goltzin.«

»Danke sehr, danke sehr, mein lieber Herr Hartmann, beim nächsten Zusammentreffen erhalten Sie die Kleinigkeit zurück.«

Die ›Kleinigkeit‹ war für Herrn von Goltzins Verhältnisse recht erheblich, und er hatte für solche Kleinigkeiten ein sehr kurzes Gedächtnis.

Das fiel aber, wie gesagt, bei Herrn Hartmann nicht ins Gewicht. Die Dienste, die ihm der Freiherr erwies, waren viel zu wertvoll, als daß er sie mit einigen tausend Mark bezahlen konnte.

Der Fürst fuhr zusammen mit Herrn von Goltzin zum Klub und sagte zu ihm: »Also, mein Wort darauf, mein lieber Herr von Goltzin, sobald die Sache perfekt wird und ich die Mitgift ausgezahlt bekomme, erhalten Sie die ausgemachte Summe.«

Der Freiherr verneigte sich. »Ich hoffe im beiderseitigen Interesse, daß Durchlaucht die Einwilligung Ihrer Durchlaucht erhalten.«

»Es wird halt ein schweres Stück Arbeit werden . . . aber ich muß diese Einwilligung erhalten. Es bleibt mir halt kein anderer Ausweg als diese Heirat mit Fräulein Hartmann!«

Siebtes Kapitel

In den nächsten Tagen herrschte zwischen Baron Oldenau und Fräulein Margot Hartmann eine etwas gezwungene Stimmung. Sie vermieden es tunlichst, einander anzusehen und anzusprechen.

Herr Hartmann merkte nichts davon. Er war vollauf befriedigt von dem Verlauf des Festes, und seine Stimmung war glänzend. Für ihn war es sicher, daß der Fürst nach seiner Rückkehr von Wien um Margots Hand anhalten würde.

Das hatte er auch seiner Tochter erklärt. Margot hatte nichts darauf erwidert. Sie hatte jetzt nur noch die Hoffnung, daß die Fürstinmutter nicht einwilligen würde, ein bürgerliches Fräulein Hartmann als Schwiegertochter zu akzeptieren.

Bis sich das entschieden hatte, wollte sie ihrem Vater keinen Widerstand entgegensetzen. Aber auf alle Fälle rüstete sie sich schon zum Kampf.

Seit dem Festabend war sie sich klar über sich selbst und über ihr eigenes Empfinden geworden. Sie wußte nun, daß sie Baron Oldenau liebte, und war fest entschlossen, keinem anderen Mann als ihm die Hand zu reichen. Sie bemerkte sehr wohl, daß der Baron ihr auswich, soviel er konnte, und daß er es vermied, sie auch nur anzusehen. Aber sie fühlte sich dadurch nicht gekränkt. Sie ahnte ja, was er für sie empfand, und seine stolze Zurückhaltung erfüllte sie nur mit Bewunderung. Jeder andere Mann an seiner Stelle hätte seine Chancen genützt und sich ihre Gunst zu erringen versucht. Sein Stolz ließ es nicht zu, sich in den Verdacht eines Mitgiftjägers zu bringen.

In Gegenwart ihres Vaters war es Margot ganz lieb, daß sich der Baron nicht mehr als nötig mit ihr beschäftigte. Der Vater durfte vorläufig nichts ahnen von ihren Empfindungen für den Baron. Aber es war doch die zitternde Ungeduld in ihr, feststellen zu können, ob sie wirklich von ihm geliebt wurde oder nicht. Und sie gehörte nicht zu den feigen, ängstlichen Frauen, die tatenlos zusehen, wie ihnen ihr Lebensglück durch die Finger rinnt. Sie wußte, daß sich der Baron ihr in keiner Weise nähern würde, weil er zu stolz dazu war. Diesen Stolz mußte sie lieben, wie alles an ihm, aber sie war nicht gesonnen, an ihm ihr Lebensglück scheitern zu sehen. Deshalb beschloß sie zu handeln.

Eines Tages, als sie von einem Ausgang zurückkehrte, sah sie ihren Vater in seinem Auto zum Tor hinausfahren. Sie wußte nun bestimmt, daß er nicht daheim war.

Schnell legte sie ab und begab sich zum Arbeitszimmer. Dort pflegte der Baron auch in Abwesenheit ihres Vaters zu arbeiten, wenn Arbeit für ihn vorlag. Margot gab sich den Anschein, als wisse sie nichts von der Abwesenheit ihres Vaters.

Als sie das Arbeitszimmer betrat, sah sie den Baron am Schreibtisch sitzen. Er erhob sich und begrüßte sie durch eine Verbeugung.

»Guten Tag, Baron! Ist Papa nicht hier?«

»Nein, mein gnädiges Fräulein, Ihr Herr Vater ist vor einigen Minuten in Geschäften nach Berlin gefahren.«

»Wird er lange ausbleiben?«

»Das konnte er nicht mit Bestimmtheit sagen. Zum Tee möchten Sie nicht mit ihm rechnen, aber er hofft zum Abendessen zurück zu sein. Er hat mich gebeten, ihn zu erwarten, da er dann noch Aufträge für mich hat.«

Margot setzte sich auf die breite Lehne eines Klubsessels.

»Dann haben Sie also heute wieder einmal strengen Dienst?«

»Das macht nichts. Es gibt viele Tage, an denen ich leichten Dienst und viel freie Zeit für mich habe.«

»Und wo Sie Ihre Frau Mutter besuchen können.«

Er verneigte sich mit unbeweglichem Gesicht. Seine Augen

blickten auf ihre feinen zierlichen Füße, die unter dem Rocksaum hervorsahen.

Eine Weile herrschte beklommenes Schweigen. Margot sah mit einem seltsamen Blick zu dem Baron hin, der sich sichtlich mühte, Haltung zu bewahren. Sie atmete tief ein und sagte mit verhaltener Stimme, den leichten Plauderton aufgebend: »Es ist mir sehr lieb, Baron, daß ich Sie einmal allein sprechen kann. Ich möchte Ihnen eine Frage stellen. Wollen Sie mir dieselbe beantworten?«

Er lehnte sich in ungezwungener Haltung an den Schreibtisch. »Selbstverständlich, wenn es in meiner Macht liegt.«

Es stieg nun doch ein leichtes Rot in ihr Gesicht. Sie erhob sich und stand ihm nun aufrecht gegenüber. Und ihr Herz in beide Hände nehmend, sagte sie so fest wie es ihr möglich war: »Ich wollte Sie fragen, warum Sie mir seit dem Festabend so auffallend ausweichen, warum Sie mich kaum noch ansehen und ansprechen. Sind Sie mir böse? Habe ich Ihnen etwas zuleide getan?«

Sein Gesicht wurde blaß, und die Muskeln darin spannten sich wie in einem Krampf.

»Nein, Sie haben mir nichts zuleide getan, und ich habe keine Veranlassung, Ihnen böse zu sein«, erwiderte er mit halbversagender Stimme.

»Warum sind Sie dann so verändert zu mir?«

»Bin ich das?«

»Oh, das wissen Sie selbst recht gut! Bitte, sagen Sie mir, warum Sie so verändert sind!«

Er atmete tief und schwer. »Ich bitte Sie, erlassen Sie mir die Beantwortung dieser Frage.«

Sie tat einen Schritt näher zu ihm heran und krampfte die Hände zusammen. »Nein, ich erlasse sie Ihnen nicht. Ich will wissen, was Sie dazu veranlaßt, über mich hinwegzusehen, als wäre ich Luft für Sie.«

Er hatte es vermieden, ihr in die Augen zu sehen. Nun glühte plötzlich sein Blick in den ihren.

»Wenn Sie mich zwingen, diese Frage zu beantworten, dann bleibt mir nur die Wahl zwischen zwei unerhörten Dingen«, stieß er heiser hervor.

»Und was sind das für unerhörte Dinge?« fragte sie erregt wie er.

Er biß die Zähne wie im Krampf aufeinander, dann sagte er: »Entweder muß ich Sie belügen oder Ihnen eine vermessene Wahrheit sagen. Bitte, erlassen Sie mir beides!«

Sie richtete sich straff auf und sah ihn fest an. »Sind Sie zu feige, mir die Wahrheit zu sagen?«

Daß sie ihn mit diesen Worten unerhört reizen würde, wußte sie. Aber sie erschrak nun doch, als er plötzlich dicht an sie herantrat und mit einem rauhen, festen Griff ihre Hand umfaßte. Er sah sie an, daß sie erbebte.

»Ich habe Sie schon einmal gewarnt, mit dem Feuer zu spielen! Lassen Sie sich gesagt sein, daß ich mir zu gut bin, Ihnen als Spielzeug zu dienen. Sie wissen ganz genau, wie es in mir aussieht, und es ist Ihnen sicher nur ein leichtes Spiel, mich zu zwingen, auszusprechen, was ich empfinde.

Der Feigheit hat mich aber noch kein Mensch zeihen dürfen ... auch Sie dürfen es nicht ungestraft tun. Deshalb sollen Sie die Wahrheit hören, auch wenn es mich meine Stellung kostet. Sie belieben noch immer mit dem Feuer zu spielen. Vielleicht, um sich die Wartezeit zu verkürzen, bis Sie Fürstin Nordheim werden. Ich habe keine Fürstenkrone zu vergeben, wenn ich auch sonst recht wohl mit dem Fürsten Nordheim in die Schranken treten könnte.

Jedenfalls habe ich ein Herz in der Brust, und das gehört Ihnen. Ich liebe Sie ... da haben Sie die Wahrheit! Deshalb weiche ich Ihnen aus, soviel ich kann. Ich bin auch nur ein Mensch und habe alle Kräfte nötig gehabt, Ihnen meinen Zustand zu verbergen. Sie haben mein Geheimnis ans Licht gezerrt und können nun über den Narren lachen. Aber mir gestatten Sie jetzt, mich zurückzuziehen, solange Sie sich in diesem Zimmer befinden. Ein Alleinsein mit Ihnen ist mir unerträglich.«

Wie ein unaufhaltsamer Strom war das aus seinem Innern hervorgebrochen. Nun ließ er plötzlich tief aufatmend ihre Hand los, verneigte sich hastig und eilte aus dem Zimmer.

Er ließ Margot in einem unbeschreiblichen Zustand zurück. Sie stand wie gelähmt da und sah dem Baron nach. In ihrem Herzen war ein Singen und Klingen, als wenn alle Lebensglocken läuteten. Ihre Augen waren feucht vor Ergriffenheit. Demütig war ihr zumute. Sie wußte, daß er die Wahrheit gesprochen hatte, wußte sich geliebt um ihrer selbst willen. Er hatte dies Geständnis seinem Stolz widerwillig abgerungen, und er zürnte ihr, daß sie ihn dazu gezwungen hatte. Keinerlei Hoffnung knüpfte er an seine Liebe. Hatte doch ihr Vater in seiner Gegenwart von ihrer bevorstehenden Verlobung mit dem Fürsten als von etwas fest Beschlossenem gesprochen, ohne daß sie ein Wort dagegen gesagt hätte. Er mußte ja annehmen, daß sie die Wünsche ihres Vaters teilte.

Nach einer Weile strich sie sich, wie aus einem Traum erwachend, über das Haar und sah mit einem glücklichen Lächeln nach der Tür, durch die der Baron verschwunden war. Es zuckte nun doch wieder wie leise Schelmerei in ihren Augen auf.

Er stirbt lieber, als daß er mich um meine Hand bittet! Was soll ich nun tun? Ich kann ihm doch wahrhaftig keinen Antrag machen. Wenn er davonläuft, kann ich ihm doch nicht sagen, daß ich ihn mindestens ebenso liebhabe wie er mich und daß ich nicht Fürstin Nordheim, sondern Baronin Oldenau werden möchte, dachte sie im übermütig-seligen Bewußtsein, von ihm geliebt zu werden.

Daß er jetzt nicht zurückkehrte, stand bei ihr fest. Sie wußte auch, daß er ihr jetzt noch mehr ausweichen würde. Sie verließ langsam das Gemach und begab sich auf ihr Zimmer. Dort sank sie in einen Sessel und überlegte, was sie tun sollte, um ihr Glück aus allen Stürmen in einen sicheren Hafen zu retten.

Sie kam aber zu keinem Entschluß. Vorläufig saß sie wie zwischen hohen Mauern gefangen. Oben war der Himmel offen und schien ihr in verheißungsvoller Klarheit ins Herz hinein. Aber wie sie aus den hohen Mauern herauskommen sollte, blieb ihr rätselhaft.

So saß sie und sann nach, bis ihr Vater zurückkehrte, und beim Abendessen traf sie dann mit ihm und dem Baron zusammen.

Der Baron sah etwas bleich aus, aber er schien ganz ruhig und unterhielt sich, wie sonst, mit Herrn Hartmann und der Hausdame. Nur an Margot richtete er kein Wort, und auch sie sprach nicht direkt mit ihm. Als ihre Blicke einmal zufällig zusammentrafen, sah der Baron mit tiefer Bitterkeit, daß Margots Augen glückselig leuchteten. Vielleicht hatte sie Nachricht von Wien erhalten, daß die Fürstinmutter keinen Einspruch gegen die Verbindung erhob.

Baron Oldenau wollte sich gegen Margot verhärten, aber es war doch ein unsagbarer Jammer in seiner Seele, daß sie ungewarnt in ihr sicheres Unglück lief. Er liebte sie zu sehr, um ruhig zusehen zu können, und er hätte viel darum gegeben, nur den Schein eines Rechts zu besitzen, ihr über die wahren Eigenschaften des Fürsten die Augen zu öffnen. Dann hätte sie doch vielleicht darauf verzichtet, seine Gemahlin zu werden.

Aber er hatte kein Recht zu warnen. Er mußte schweigend geschehen lassen, was kommen würde.

Margot ahnte nicht, was in ihm vorging. Sie wußte nur, daß er sie liebte, und das erfüllte ihre Seele mit Jubel. Wenn sie auch nicht wußte, wie sie Klarheit schaffen sollte zwischen sich und ihm, daß diese Klarheit kommen mußte auf irgendeine Art, stand bei ihr fest. Jetzt galt es zunächst den Kampf mit ihrem Vater zu bestehen. Sie war gerüstet.

An demselben Abend war der Fürst von Wien zurückgekehrt und hatte sofort den Freiherrn von Goltzin aufgesucht. Er hatte mit ihm eine lange Unterredung, und der Freiherr sagte am Schluß derselben:

»Da gibt es nur einen Weg, Durchlaucht ... den rücksichtsloser Offenheit. Sie müssen mit Herrn Hartmann sprechen und ihm die Wünsche Ihrer Durchlauchtigsten Fürstinmutter unterbreiten. Ich habe schon einen Plan, wie wir zum Ziel kommen. Herr Hartmann wird und muß sich einfach dieser Bedingung fügen. Man muß sie ihm nur mundgerecht unterbreiten. Das werde ich tun. Ich begleite Eurer Durchlaucht morgen vormittag zur Villa Hartmann.«

Und so geschah es. Am nächsten Vormittag fuhren die beiden Herren nach Grunewald und ließen sich Herrn Hartmann melden. Sie wurden sofort empfangen. Nachdem man sich begrüßt hatte, ergriff zunächst der Freiherr das Wort.

»Mein verehrter Herr Hartmann, Seine Durchlaucht haben mich zum Vermittler seiner Wünsche gemacht und mich gebeten, in einer delikaten Angelegenheit das Wort zu führen.«

»So ist es, Herr Hartmann«, bestätigte der Fürst. »Ich bitt' schön, hören Sie Herrn von Goltzin an. Es handelt sich eigentlich um Wünsche meiner Mutter. Unter den obwaltenden Umständen ist es mir gerad' nicht leicht, das auszusprechen, was doch gesagt werden muß. Also, bitt' schön, hören Sie Herrn von Goltzin an, als spräche ich selbst zu Ihnen.«

Herr Hartmann sah ein wenig betroffen aus, verneigte sich aber und sagte: »Ich bitte mir zu sagen, um was es sich handelt.«

Herr von Goltzin kostete entschieden die Situation ein wenig aus. Er kam sich sehr wichtig vor. »Kurz und bündig, Herr Hartmann ... Seine Durchlaucht haben die Absicht, Sie um die Hand Ihrer Fräulein Tochter zu bitten. Um sich zu diesem Schritt die Erlaubnis Ihrer Durchlaucht, der Frau Fürstin, zu erbitten, sind Seine Durchlaucht nach Wien gereist. Ihre Durchlaucht, die Frau Fürstin, sind auch im Prinzip damit einverstanden, daß Seine Durchlaucht sich mit Ihrem Fräulein Tochter vermählt.«

Herr Hartmann atmete auf. Sein Gesicht strahlte. »Es wird uns, meiner Tochter und mir, natürlich eine Ehre sein. Durchlaucht dürfen überzeugt sein, daß auch ich meine Einwilligung gebe.«

Der Fürst verneigte sich und machte eine etwas hilflose Geste nach dem Freiherrn hinüber.

Dieser ergriff sogleich wieder das Wort: »Gestatten Sie, daß ich weiterrede. Ich sagte, daß Ihre Durchlaucht, die Frau Fürstin, im Prinzip einverstanden sei. Aber Ihre Durchlaucht stellen eine Bedingung, die jedoch leicht zu erfüllen wäre.«

»Was ist das für eine Bedingung?« fragte Herr Hartmann.

Der Freiherr wechselte einen raschen Blick mit dem Fürsten und fuhr fort: »Ihre Durchlaucht haben das Empfinden, daß es ein ungeheures, unliebsames Aufsehen erregen würde, zumal bei Hofe, wenn auf den Verlobungs- und Vermählungsanzeigen neben dem Namen Seiner Durchlaucht der einfache Name Hartmann stehen würde. Ihre Durchlaucht hat daher den Vorschlag gemacht, daß sich Fräulein Hartmann sozusagen vor ihrer Verlobung mit Seiner Durchlaucht einen Adelsnamen kauft.«

Herr Hartmann fuhr betroffen zurück. »Kauft? Man kann sich doch keinen Namen kaufen?«

Der Freiherr lächelte fein. »Ich sage ja: sozusagen, mein lieber Herr Hartmann. Das ist alles zu machen, und zwar auf die einfachste Weise. Ihr Fräulein Tochter brauchte nur mit einem Aristokraten eine Scheinehe zu schließen, die natürlich sofort nach der nur der Form nach stattgefundenen Trauung – ich spreche selbstverständlich nur von einer standesamtlichen Trauung – wieder gelöst werden würde. Das ließe sich alles ohne Schwierigkeiten einrichten. Es findet sich sicher ein Mann, der sich gegen entsprechende Bezahlung zu einer solchen Scheinehe bereitfinden würde. Wie denken Sie über die Angelegenheit, mein verehrter Herr Hartmann?«

Dieser war äußerst verstimmt und wollte nichts von einer solchen Scheinehe hören, aber Herr von Goltzin war eben ein Juwel. Er verstand es, Herrn Hartmann die Sache im rechten Licht zu zeigen.

»Sie dürfen nicht vergessen, Herr Hartmann, daß Ihre Durchlaucht dabei hauptsächlich das Glück und Wohl Ihrer künftigen Schwiegertochter im Auge haben. Ihre Durchlaucht wollen vermeiden, daß man der jungen Fürstin unliebenswürdig entgegenkommt und sie nicht für voll gelten läßt.«

Auch der Fürst sprang nun ein. »Sie dürfen mir glauben, Herr Hartmann, mir persönlich liegt nichts daran, daß Ihr Fräulein Tochter einen anderen Namen erhält. Ich liebe Ihr Fräulein Tochter aufrichtig, und sie ist mir als Fräulein Hartmann genauso lieb und wert wie unter einem anderen Namen. Es ist ja tatsächlich nur eine Formsache, die nötig ist, weil ich meine junge Frau unbedingt bei Hofe einführen will. Sie soll sich keinen Demütigungen aussetzen müssen.

Ich war selbst zuerst erschrocken, als meine Mutter davon gesprochen hat. Aber sie hat schon recht. Sie möchte mich natürlich gern glücklich sehen. Doch sie wünscht auch, daß ich mit meiner Frau bei Hofe verkehren kann. Deshalb ist sie auf den Ausweg verfallen, daß Ihr Fräulein Tochter sich erst durch eine Scheinehe einen rechtsgültigen Namen verschafft, alsdann braucht nur der auf den Anzeigen zu stehen und niemand fragt danach, ob sie ihn durch Geburt oder durch eine Heirat erhalten hat. Man fragt ja nicht in solchen Fällen.

Also bitt' schön, mein verehrter Herr Hartmann, sehen Sie

das nicht schwerer an, als es ist. Es geschieht tatsächlich hauptsächlich im Interesse Ihres Fräulein Tochter, die ja sonst alle Vorzüge besitzt, die sie zu den höchsten Stellungen in der vornehmen Welt berechtigen.«

Herrn Hartmanns Widerstand schmolz dahin. Er legte natürlich großen Wert darauf, daß seine Tochter bei Hofe verkehrte.

»Aber wo sollen wir nun gleich einen Mann herbekommen, der von Adel ist und für Geld zu einer solchen Scheinehe bereit wäre?« fragte er nach einigem Zögern.

Freiherr von Goltzin lächelte fein. Er war eben wirklich ein Juwel und wußte gleich einen solchen Mann namhaft zu machen.

»Mein lieber Herr Hartmann, ich glaube, wir brauchen nicht weit zu suchen. Sie haben ja sozusagen alles Nötige im Haus. Da ist Ihr Sekretär, der Baron Oldenau. Seine Durchlaucht haben mir erzählt, daß er einst bessere Zeiten gekannt hat. Solche Menschen sind gern bereit, sich wieder ein bißchen auf die Füße helfen zu lassen. Sie müßten es sich freilich etwas kosten lassen. Aber was heißt das in Ihren Verhältnissen? Da spielen 50 000 Mark keine Rolle. Wenn ich nicht schon verheiratet wäre, ich würde mit Vergnügen die kleine Komödie spielen. Aber Baron Oldenau ist ledig, er wird ohne Zweifel einwilligen, wenn er damit ein gutes Geschäft machen kann.«

Herr Hartmann überlegte. Er sah nichts Schlimmes in dieser Komödie in der Deutung, die der Freiherr ihr gab. Nach einer Weile richtete er sich aus seiner nachdenklichen Stellung auf.

»Meinen Sie also, daß ich dem Baron mit diesem Vorschlag kommen könnte?«

»Aber selbstverständlich, mein lieber Herr Hartmann! Er wird sich glücklich schätzen, Ihnen einen Dienst erweisen zu können ... zumal er ja ein gutes Geschäft dabei macht. Geschäft ist Geschäft. Er verkauft Ihnen seinen Namen. Sie geben ihm Ihr gutes Geld.«

»Hm. Aber meine Tochter? Ob die sich zu einer solchen Scheinehe bereit erklären wird?«

»Nun, ich denke, daß Sie Diplomat genug sind, um Ihrem Fräulein Tochter plausibel zu machen, daß dies eine einfache Formsache ist, die nötig ist, um ein erstrebenswertes Ziel zu erreichen. Natürlich muß sich Baron Oldenau ehrenwörtlich verpflichten, sogleich nach der Trauung in die Scheidung einzuwilligen.

Die Scheidung werden wir in kürzester Zeit durchsetzen, ich habe da einen äußerst tüchtigen Rechtsanwalt an der Hand. Im Grunde handelt es sich ja nur darum, für Ihr Fräulein Tochter einen adligen Namen zu kaufen. Als Baronin Oldenau wird sie sogleich offene Aufnahme bei Hofe finden, dafür werden Ihre Durchlaucht schon sorgen. Vergessen Sie nicht, Herr Hartmann, daß dies alles nur zum Besten Ihres Fräulein Tochter dient und ihr eine ganz andere Stellung bei Hofe sichert.«

Herrn Hartmann schwindelte ein wenig der Kopf. »Sie meinen also, daß man ohne Bedenken eine solche Scheinehe schließen lassen kann?« fragte er.

»Aber selbstverständlich! Solche Scheinheiraten zur Erlangung eines Titels, eines Namens, sind durchaus nichts Seltenes. Ich könnte Ihnen eine große Anzahl von Fällen nennen. Der Baron erhält dadurch selbstverständlich keinerlei Rechte über Ihre Tochter, das muß alles zuvor klipp und klar festgelegt werden.«

Herr Hartmann gab allen Widerstand auf, nachdem ihm auch der Fürst noch einmal eindringlich zugeredet hatte. Er sagte nur noch ein wenig unbehaglich: »Wenn nur der Baron einwilligt.«

»Ach, daran ist doch nicht zu zweifeln!« erwiderte der Fürst. »Mit beiden Händen wird er zugreifen, wenn er damit ein kleines Vermögen verdienen kann. Er verkauft doch Ihrem Fräulein Tochter seinen Namen, ohne ihn selbst dabei zu verlieren. Das ist doch ein Glücksfall für ihn. So heikel wird er halt nicht sein, da er doch ohnedies schon aus seinen Kreisen ausgeschieden ist.«

So sehr war Herr Hartmann von dem Wunsche durchdrungen, daß seine Tochter Fürstin Nordheim würde, daß er alle Bedenken fallenließ. Er versprach also, mit seiner Tochter zu sprechen und auch mit Baron Oldenau. Das Ergebnis dieser Unterredung wollte er dann dem Fürsten telefonisch mitteilen, da dieser natürlich das größte Interesse daran hatte.

Die Herren empfahlen sich dann, nachdem der Freiherr noch eine Weile eindringlich auf Herrn Hartmann eingeredet hatte. Der Fürst wollte Margot noch begrüßen, doch diese war ausgegangen. Im Grunde war dem Fürsten das sehr lieb. Er bat Herrn Hartmann, dem gnädigen Fräulein seine Verehrung zu Füßen zu legen. Dann entfernten sich die Herren.

Als sie wieder im Auto saßen, atmete der Fürst tief auf. »Das war schon ein schweres Stück Arbeit, mein lieber Herr von Goltzin! Ich habe doch ein bisserl Bange gehabt, daß uns Herr Hartmann Schwierigkeiten machen würde. Diese Art Leute sind oft unberechenbar, man weiß nie, wie so etwas ausgeht. Aber Sie haben wirklich wie ein Diplomat dahergeredet. Nun wird schon alles in die Reihe kommen.«

»Davon bin ich auch überzeugt, Durchlaucht. Fräulein Hartmann wird ohne weiteres einwilligen. Und der Baron? Nun, er wird keine Einwände haben, 50 000 Mark so mühelos zu verdienen. Er kann Durchlaucht sehr dankbar sein.«

»Er hat's nötig, wieder ein bisserl flott zu werden, der Baron. Ich gönne es ihm, wenn man auch nicht mehr mit ihm verkehren kann. Ich bitt' schön, wie kann der Mann sich als Sekretär verdingen? Das ist doch der reinste Selbstmord! So etwas tut man doch nicht. Aber jetzt wollen wir zwei einen Schampus trinken ... auf das Gelingen unserer Angelegenheit. Sie sind ja auch daran interessiert, mein lieber Herr von Goltzin.«

Und mit dem Freiherrn von Goltzin frühstückte der Fürst vertraulich in einem Weinlokal, in dem er viel verkehrte und wo er meist seine Nächte in mehr als lockerer Gesellschaft verbrachte. Aber mit dem Baron Oldenau glaubte er nicht mehr verkehren zu können.

So falsch waren die Ansichten Seiner Durchlaucht.

Achtes Kapitel

Nachdem Herr Hartmann allein geblieben war, ging er eine lange Zeit nachdenklich auf und ab. Wohl hatte er alle Bedenken über Bord geworfen, aber so recht behaglich fühlte er sich nicht in seiner Haut. So einfach die beiden Herren ihm auch die Angelegenheit dargestellt hatten, ein wenig wurmte es ihn doch, daß sein ehrlicher Name ein Hindernis für seine Tochter sein sollte, wenn sie Fürstin werden wollte. Aber er rang seinen Unmut nieder. Das Glück seiner Tochter war ihm mehr wert als alles andere.

Er überlegte nun, ob er zuerst mit Margot oder zuerst mit dem Baron sprechen sollte, und entschloß sich dann, erst mit seiner Tochter zu sprechen. Er klingelte den Diener herbei und fragte, ob seine Tochter von ihrem Ausgang zurückgekehrt sei.

Der Diener bejahte. Das gnädige Fräulein befinde sich in ihrem Salon. Herr Hartmann begab sich dorthin. An der Tür zögerte er einen Moment und holte tief Atem, als sei ihm die Brust zu eng. Ein wenig bangte ihm doch, seiner Tochter das Ansinnen der Fürstin zu unterbreiten. Aber schließlich öffnete er energisch die Tür.

Margot empfing ihren Vater mit einiger Unruhe. Sie hatte

gehört, daß Fürst Nordheim dagewesen sei, und ahnte, daß der Kampf um ihr Glück nun ernstlich beginnen würde.

Diese Ahnung wurde zur Gewißheit, als der Vater sagte: »Ich habe etwas Wichtiges mit dir zu besprechen, Margot.«

Sie nahm sich zusammen und zeigte sich ganz ruhig. Lächelnd zog sie den Vater zu einem Causeuse und erwiderte scheinbar unbefangen: »Was hast du mir zu sagen, Papa?«

Er holte tief Luft. »Also, mein Kind, Seine Durchlaucht, Fürst Nordheim, war bei mir. Er ist gestern abend von Wien zurückgekommen und hat mir soeben mitgeteilt, daß seine Mutter im Prinzip mit eurer Verbindung einverstanden ist. Sie hat nur eine Bedingung gestellt.«

Margot erblaßte. »Was ist das für eine Bedingung?«

Er blickte ein wenig unsicher auf seine Hände hinab, die alle Kunst seines Kammerdieners nicht zu aristokratischen Nichtstuerhänden umformen konnte. Sie verrieten, daß der Mann, dem diese Hände gehörten, erst in späteren Jahren angefangen hatte, Wert auf eine sorgsame Pflege zu legen.

»Du brauchst dich nicht zu beunruhigen, Margot, wie gesagt, die Fürstin ist bereit einzuwilligen. Nur . . . ihre Bedingung ist im Grunde nichts als eine Formsache. Die Fürstin fürchtet, daß man deine Hoffähigkeit nicht anerkennen könnte, trotz ihres Einflusses am Hof, wenn du unter dem schlichten Namen Hartmann dem Fürsten angetraut wirst.«

Erstaunt sah Margot auf. »Ich heiße doch aber Hartmann und nicht anders!«

»Ganz recht. Aber eben darum sollst du dir einen adligen Namen kaufen.«

Betroffen fuhr Margot zurück. »Einen Namen kaufen? Kann man das? Und würdest du darin einwilligen, daß ich deinen guten ehrlichen Namen ablege und unter falscher Flagge segele?«

Er wurde sehr verlegen. »Mein liebes Kind, so mußt du das nicht auffassen. Das kommt hier in Deutschland hundertmal vor. Es ist sozusagen eine Selbsthilfe, wenn sich einer Verbindung Standesvorurteile entgegenstellen. Es hat tatsächlich nichts auf sich. Und es ist schon möglich, sich einen adligen Namen zu kaufen. Es muß natürlich unter einer besonderen Form geschehen. Und der Fürst hat mir gesagt, wie es zu machen sei.

Also höre zu ... Du müßtest, um einen adligen Namen zu erhalten, eine Art Scheinehe eingehen mit einem Aristokraten, der gewillt wäre, dir seinen Namen zu verkaufen. Diese Scheinehe würde natürlich nur standesamtlich geschlossen und sogleich wieder getrennt. Selbstverständlich würde dieser Scheingatte keinerlei Rechte an dich erhalten. Er müßte sich ehrenwörtlich verpflichten, vielleicht auch schriftlich, dich sofort wieder freizugeben und in eine Scheidung einzuwilligen.

Das läßt sich alles leicht arrangieren, zumal wir ja die geeignete Persönlichkeit im Hause haben. Wir sind darauf gekommen, Baron Oldenau um diese Gefälligkeit zu bitten ... natürlich gegen eine angemessene Entschädigung.«

Margot hatte erst mit immer stärker werdender Empörung den Worten des Vaters gelauscht. Schon wollte sie zornig aufbrausen und heftig dieses Ansinnen zurückweisen, als ihr Vater den Namen des Barons aussprach. Da war ihr mit einemmal zumute, als wenn die hohen Mauern, die sie umgaben, zusammenfielen und ringsumher nur blauer lachender Himmel zu sehen sei.

Sie preßte die Lippen fest zusammen, daß ihnen kein unbedachtes Wort entschlüpfte. Still lauschte sie in sich hinein und überlegte, daß diese Angelegenheit sie vielleicht schnell und sicher zu einem heißersehnten Ziel führen könne.

In ihren Augen blitzte es auf wie kühne Entschlossenheit. Noch einmal konnte sie den Kampf mit dem Vater hinausschieben — bis sie ihn besser gerüstet führen konnte. Sie senkte die Lider und sagte mit erzwungener Ruhe:

»Meinst du, daß man das dem Baron zumuten kann und daß er darauf eingehen wird?«

Herrn Hartmann fiel ein Stein vom Herzen. Er hatte sich auf allerlei Einwände seiner Tochter gefaßt gemacht. Daß sie so ruhig blieb und die Sache scheinbar sofort in Erwägung zog, nahm ihm seine Unsicherheit.

»Warum sollte er nicht, Margot? Ich bin überzeugt, er tut uns gern einen Gefallen. Und außerdem zahle ich ihm eine anständige Summe dafür. Ich weiß, er möchte gern seiner Mutter das Leben etwas freundlicher gestalten, er ist ein guter Sohn. Dazu könnte ihm das Geld verhelfen, wenn er es nicht für sich selbst verwenden will. Ich denke, mit ihm komme ich schnell zum Ziel. Die Hauptsache ist deine Einwilligung. Du bist doch einverstanden?«

Margot hob langsam die Augen zu ihm empor. Dann sagte sie mit verhaltener Stimme: »Hältst du es für entschuldbar, Papa, daß man zu solchen Winkelzügen greift, um sich ein Glück vom Schicksal zu erringen, das es uns sonst verweigert?«

Herr Hartmann nickte ahnungslos und erfreut. »Selbstverständlich, Margot! Man ist nicht nur berechtigt, sondern sogar verpflichtet, seinem Lebensglück mit allen Mitteln nachzustreben, die man vor sich selbst verantworten kann.«

Da umfaßte Margot ihren Vater und küßte ihn. Ihre Augen blitzten.

»Diesen Rat werde ich beherzigen, Papa, und befolgen. Du darfst nicht vergessen, daß du ihn mir gegeben hast.«

»Selbstverständlich vergesse ich das nicht. Ich will ja nur dein Glück. Also du willigst ein?«

Ihre Augen blickten ernst und leuchtend. »Ja, Papa, ich willige ein, mich mit Baron Oldenau zu verheiraten, um seinen Namen führen zu dürfen und damit meinem Glück näher zu kommen ... sofern natürlich der Baron einverstanden ist. Aber auch ich stelle eine Bedingung.«

»Nun?«

»Ich will deine diesbezügliche Unterredung mit Baron Oldenau mit anhören, ohne daß er davon eine Ahnung hat.«

Herr Hartmann war sehr froh, die Zustimmung seiner Tochter zu haben, und war bereit, ihren Wunsch zu erfüllen.

»Natürlich darfst du das, Margot! Ich kann verstehen, daß du genau orientiert sein willst über alles. Vor allem auch darüber, daß der Baron sich verpflichtet, sofort nach der Trauung in die Scheidung einzuwilligen.«

Es zuckte seltsam in Margots Gesicht, und ihre Augen blitzten entschlossen und kampfesmutig.

»Ja, ich möchte über alles orientiert sein! Wann willst du mit ihm sprechen?«

»Möglichst sofort, Margot. Der Fürst wartet mit großer Unruhe auf die Entscheidung. Hängt doch so viel davon ab. Er liebt dich wirklich aufrichtig und will nur dein Bestes.«

Margot war anderer Ansicht, sprach es aber nicht aus.

»Gut, Papa, ich begleite dich jetzt sofort in dein Arbeitszimmer und verstecke mich dort hinter dem großen Wandschirm. Und dann läßt du den Baron rufen und sprichst mit ihm.«

Herr Hartmann küßte und streichelte sein Töchterchen. »Abgemacht! Du bist mein vernünftiges Mädel. Ich freue mich, daß du mir keine Schwierigkeiten machst.«

Margot schlang ihre Arme um seinen Hals und sah mit schimmernden Augen zu ihm auf. »Nicht wahr, Papa, mein Glück geht dir über alles ... auch über deine eigenen Wünsche?«

Er nickte. »Das weißt du doch, Margot! Für mich strebe ich nicht zu den höchsten Stellen des Lebens. Es geschieht alles nur für dich.«

Margot wußte, daß der Vater die Wahrheit sprach. Deshalb war sie überzeugt, daß er letzten Endes seine ehrgeizigen Pläne ihrem wahren Lebensglück opfern würde. Sie war ganz zuversichtlich, daß nun alles gut werden mußte. Vor allen

Dingen sah sie jetzt den Weg zum Glück vor sich liegen, wenn sie auch eine kleine List anwenden mußte, um ihn ungehindert gehen zu können. Sie konnte diese List vor sich selbst verantworten, denn es galt ihr Lebensglück.

Die Hauptsache war jetzt nur, daß der Baron einwilligen würde, sich mit ihr trauen zu lassen. Tat er es nicht freiwillig, dann mußte sie ihn dazu bewegen. Aber besser, er tat es aus freien Stücken, denn sie wollte ihn nicht in ihre Pläne einweihen, weil sie nicht sicher war, daß er in dieselben einwilligen würde.

Vater und Tochter begaben sich nun ins Arbeitszimmer. Hier versteckte sich Margot sorglich hinter dem großen Wandschirm, der vor dem Geldschrank aufgestellt war. Dieses häßliche, wenn auch überaus nützliche Möbel sollte damit verdeckt werden. Hier ließ sie sich in einen Sessel nieder, und dann ließ Herr Hartmann seinen Sekretär rufen.

Baron Oldenau war an diesem Vormittag in Berlin gewesen, in einer geschäftlichen Angelegenheit, und im Auftrag des Herrn Hartmann.

Unter den Linden hatte er einen ehemaligen Regimentskameraden, Herrn von Dornau, getroffen. Dieser hatte ihn angehalten und lebhaft begrüßt.

»Lieber Horst, das ist ja eine ungeahnte Freude, daß ich dir begegne! Man sieht und hört ja nichts mehr von dir. Wie geht es dir?«

Der Baron sah Herrn von Dornau, der hier in Berlin Zivilkleider trug, groß und ernst in die Augen.

»Es geht mir gut. Aber laß dir sagen, daß mich die Verhältnisse gezwungen haben, eine abhängige Stellung anzunehmen. Ich bin jetzt Sekretär eines bürgerlichen Millionärs. Wenn dich das irritieren sollte, brauchst du nicht weiter mit mir zu sprechen.«

Herr von Dornau schüttelte lächelnd den Kopf und drückte die Hand des Barons nur um so fester.

»Wie kommst du denn auf solche Einfälle, Horst? Was hat denn unsere Freundschaft mit deinen veränderten Verhältnissen zu tun? In meinen Augen bist du, was du immer warst: ein vornehmer, anständiger Mensch. Du scheinst verbittert zu sein . . .«

Der Baron atmete auf. »Nein, Herbert, nicht verbittert, nur vorsichtig. Ich habe erst vor kurzer Zeit erlebt, daß mich Fürst Edgar Nordheim — du weißt, er lebte einige Zeit in unserer Garnison — nicht mehr für vollgültig nahm, weil ich mich ihm als Sekretär präsentierte.«

Herr von Dornau schob seinen Arm unter den des Barons und führte ihn weiter.

»Lieber Gott, der hat's nötig! Er hat nicht viel Ehre mehr zu verlieren und muß ängstlich mit dem Rest haushalten. Mich wirst du hoffentlich nicht zu dieser Kategorie von Menschen rechnen. Ich habe den feschen Edgar übrigens gestern abend in Gesellschaft lockerer Dämchen getroffen, die ihn umgaukelten und sich seine faden Witze gefallen lassen mußten. Er hat mich dringend eingeladen, einen oder mehrere Abende meines Urlaubs mit ihm zu verbringen . . . in äußerst galanter Gesellschaft. Er ist allabendlich, mit wenig Ausnahmen, in einem Lokal, in dem man meist *chambre separée* zu speisen pflegt . . . in Damengesellschaft natürlich. Na, du weißt ja . . . wir waren als junge Dachse auch mal dort. Und wie es in des Fürsten Gesellschaft zugeht, weißt du auch . . mir zu wüst. Ich verzichte dankend und werde nicht hingehen.«

Der Baron horchte auf. »In diesem Lokal ist der Fürst anzutreffen?«

Herr von Dornau lachte. »Ja, falls du statt meiner hingehen willst. Du kennst das Lokal. Im ersten Stock liegen eine Anzahl Logen nebeneinander, die als *chambre separée* benutzt werden und numeriert sind. Der Fürst hat jeden Abend Nummer neun für sich belegt und feiert da seine bekannten wüsten Gelage.

Er scheint viel Geld in Aussicht zu haben und erzählte mir von seiner Verlobung mit einer Dollarprinzessin. Das Messer sitzt ihm ja an der Kehle, er muß sich teuer verkaufen. Jedenfalls lebt er wieder äußerst flott auf Kosten seines millionenschweren Schwiegervaters in spe.«

Mit einem unbeschreiblichen Gefühl hatte der Baron diesen Worten zugehört. Er prägte sich ein, daß der Fürst die Loge Nummer neun belegt hatte. Diese Logen kannte er ganz genau. Sie waren nur durch dünne Wände voneinander getrennt, waren nach einem breiten Gang zu abgeschlossen durch Türen und nach dem unten liegenden Saal zu durch schwere Vorhänge abgeschirmt, die nach Belieben zurückgezogen oder geschlossen werden konnten. Man konnte also in diesen Logen ganz unter sich sein, wenn man wollte.

Wenn Herr Hartmann und seine Tochter den Fürsten von einer Nebenloge aus nur einmal bei einem solchen Gelage belauschen könnten – dann würde Margot schwerlich Fürstin Nordheim werden, dachte der Baron bei sich. Und wieder wurde der heiße Wunsch in ihm lebendig, ein Recht zu haben, sie warnen zu dürfen.

Er plauderte noch eine Weile mit Herrn von Dornau und versprach ihm, an einem der nächsten Abende mit ihm bei einer Flasche Wein zusammen zu sein. Dann trennten sich die Herren.

Auf dem Nachhauseweg mußte der Baron immerfort daran denken, was er eben über den Fürsten gehört hatte. Und heiße Angst um Margot Hartmann war in seiner Seele. Sie wußte ja nicht, was sie tat, wenn sie sich dem Fürsten ausliefern ließ. Es quälte ihn namenlos, daß er es geschehen lassen mußte. Aber die Hände waren ihm gebunden. Selbst wenn er sie jetzt warnte – würde sie auf ihn hören? Sie wußte ja nun, daß er sie liebte. Würde sie es nicht für Eifersucht halten, wenn er sie warnte?

Aber selbst auf die Gefahr hin hätte er es getan, wenn er nur ein Recht gehabt hätte.

Margot tat ihm leid. Er konnte seine Sorge um sie nicht damit beschwichtigen, daß er sich sagte, sie gehe leichtsinnig und nur im Hang nach Glanz und Stellung in diese Ehe. Wenn der Fürst ein liebenswerter, ehrenhafter Mann gewesen wäre, der sie hätte glücklich machen können, hätte er vielleicht ruhiger zugesehen, wie sie in diese Verbindung einwilligte. Daß sie ihr Herz nicht dazu trieb, wußte er. Ihr Herz war überhaupt — wie er meinte — noch nicht aufgewacht, sonst würde sie sich von ihrem Vater nicht willenlos in diese Ehe hineindrängen lassen.

Schade ist es doch um sie — sie weiß nicht, was sie tut, sagte er sich verzweifelt. Als er nach Hause zurückgekehrt war, sah er soeben den Fürsten mit Herrn von Goltzin davonfahren. Der Grimm würgte ihn. Mit düster blickenden Augen sah er dem Auto nach, und freundliche Wünsche waren es nicht, die dem Fürsten folgten. Langsam ging er durch den Garten zum Portal und suchte sein Zimmer auf.

Kurze Zeit darauf wurde er zu Herrn Hartmann gerufen. Er folgte diesem Ruf sofort.

Herr Hartmann empfing ihn in seinem Arbeitszimmer. Der Baron hatte keine Ahnung, daß hinter dem Wandschirm versteckt Margot Hartmann saß, um die Unterredung zwischen ihrem Vater und dem Baron zu belauschen, wie sie es von ihrem Vater gefordert hatte.

»Sind Sie schon lange zurück, Baron?« fragte Herr Hartmann, die Unterhaltung einleitend.

»Nein, Herr Hartmann, ich bin eben erst zurückgekehrt. Ich traf einen ehemaligen Regimentskameraden und wurde eine Weile aufgehalten. Sonst wäre ich schon eher zurückgekommen. Hoffentlich haben Sie mich nicht gebraucht.«

Herr Hartmann schüttelte den Kopf. »Nein, mein lieber Baron, ich habe erst in diesem Augenblick Zeit gehabt, Sie zu mir rufen zu lassen.«

»Das ist mir lieb, ich verspäte mich nicht gern.«

»Sie sind kolossal pflichteifrig.«

»Nur dadurch kann ich mir das Vertrauen verdienen, das Sie in mich setzen. Die Geschäfte, die Sie mir aufgetragen haben, sind zu Ihrer Zufriedenheit erledigt worden. Hier sind die Belege.«

Damit legte der Baron einige Papiere vor den alten Herrn hin. Dieser blickte sie flüchtig an und schob sie beiseite.

»Gut, gut, ich danke Ihnen. Aber nun nehmen Sie bitte Platz, ich möchte etwas Außergewöhnliches mit Ihnen besprechen. Sie könnten mir, respektive meiner Tochter, einen großen Dienst erweisen.«

Der Baron nahm Herrn Hartmann gegenüber Platz und sah ihn fragend an. »Es würde mir eine große Freude bereiten, wenn ich Ihnen und Ihrem Fräulein Tochter gefällig sein könnte.«

»Das können Sie allerdings, lieber Baron. Es ist eine etwas heikle Angelegenheit, und es wird mir nicht leicht, mit Ihnen davon zu sprechen. Aber es muß sein. Sie wissen doch, daß sich Fürst Nordheim ernsthaft um meine Tochter bewirbt?«

Der Baron biß die Zähne aufeinander und verneigte sich. »Sie haben mir davon erzählt«, sagte er nach einer Weile.

»Nun wohl, die Angelegenheit ist jetzt weitergediehen«, fuhr Herr Hartmann fort und erzählte dem Baron von der Bedingung der Fürstinmutter.

Mit unbewegter Miene hörte der Baron zu, obwohl es in seinem Innern stürmte. Er mußte gewaltsam an sich halten, um nicht aufzuspringen und im Zorn die Fäuste zu schütteln.

Als Herr Hartmann seinen Bericht beendet hatte, fuhr er fort: »Sie sehen also, mein lieber Baron, daß der Wunsch der Fürstin einige Berechtigung hat. Ich will doch selbst nicht, daß meiner Tochter Schwierigkeiten daraus erwachsen, daß sie nur einen bürgerlichen Namen in die Ehe bringt. Und deshalb bin ich gewillt, diesem Wunsch Rechnung zu tragen.

Ich habe heute mit dem Fürsten zusammen beschlossen, meiner Tochter sozusagen einen adligen Namen zu kaufen. Zu diesem Zwecke wäre es notwendig, daß meine Tochter eine Scheinehe mit einem Aristokraten eingehen würde. Und, um es kurz zu machen, lieber Baron, wir haben an Sie gedacht. Ich frage Sie deshalb, ob Sie gewillt wären, mit meiner Tochter eine solche Scheinehe zu schließen, oder, besser gesagt, ob Sie sich bereit erklären würden, durch eine standesamtliche Trauung meiner Tochter Ihren Namen zu überlassen.«

Baron Oldenau sprang mit einem jähen Ruck hoch. Seine Stirn rötete sich jäh. Er sah eine Weile fassungslos auf den alten Herrn.

»Herr Hartmann!« rief er drohend.

Unbehaglich sah der alte Herr zu ihm auf und hob begütigend die Hand.

»Lieber Baron, bleiben Sie doch sitzen! Ich habe doch nichts Böses mit Ihnen im Sinn. Betrachten Sie die Sache einmal ruhig. Sie könnten sich da mit einem Schlag ein kleines Vermögen verdienen, denn natürlich verlange ich diesen Dienst nicht umsonst von Ihnen.

Ich biete Ihnen 50 000 Mark ... eventuell auch mehr. Es kommt mir nicht darauf an. Sie würden die Hälfte der ausgemachten Summe sofort nach der Eheschließung, die andere Hälfte sogleich nach der erfolgten Scheidung erhalten. Sie müßten sich natürlich verpflichten, sofort nach der Trauung in die Scheidung einzuwilligen und keinerlei Rechte in Anspruch zu nehmen. Bitte, brausen Sie nicht auf und erzürnen Sie sich nicht! Wenn ich Ihnen nicht ein so großes Vertrauen entgegenbrächte, hätte ich mich in dieser Angelegenheit nicht an Sie gewandt.«

Baron Oldenau stand eine Weile starr und steif vor Herrn

Hartmann. Seinem ersten Impuls folgend, hätte er dem alten Herrn heftige Worte der Entrüstung entgegenschleudern mögen. Aber er beherrschte sich. Und während Herr Hartmann weitersprach, dachte der Baron bei sich:

Da wäre ja mit einemmal eine Gelegenheit, ein Recht zu erlangen, Margot Hartmann die Wahrheit über den Charakter des Fürsten sagen zu dürfen.

Die Empörung ebbte ab, und der Wunsch stieg in ihm auf, Margot Hartmann — wenn auch nur für kurze Zeit und nur zum Schein — seine Gattin nennen zu dürfen. Er wußte nicht, was er sich davon versprach, ihm war nur, als dürfe er die Gelegenheit nicht ungenutzt vorübergehen lassen, Margot über den wahren Wert des Fürsten die Augen zu öffnen.

Eine Weile herrschte tiefes Schweigen zwischen den beiden Herren, und Margot hielt in ihrem Versteck den Atem an. Ihr Herz klopfte zum Zerspringen. Sie krampfte die Hände zusammen und flehte zum Himmel, daß der Baron auf den Wunsch des Vaters eingehen möge. Durch einen feinen Spalt in dem Wandschirm konnte sie sein Gesicht sehen. Es war sehr bleich und verkrampft.

Was würde er antworten?

Diese Frage brannte in ihrer Seele. Endlich hörte sie, daß er einen tiefen Atemzug ausstieß. Er hatte einen Entschluß gefaßt. Zeit gewonnen — alles gewonnen, sagte er sich. Durch diese Scheinehe und die nachfolgende Scheidung würden Monate vergehen, ehe an eine Verbindung zwischen Margot und dem Fürsten gedacht werden konnte. Und in Monaten konnte viel geschehen. Außerdem konnte er sich jetzt ein Recht sichern, Margot zu warnen. Und dieses Recht sollte ihm durch nichts zu teuer erkauft sein.

So sagte er endlich, sich zur Ruhe zwingend: »Sie stellen ein seltsames Ansinnen an mich, Herr Hartmann. Ich hätte es voll Entrüstung zurückgewiesen, wenn ich nicht von dem Wunsch beseelt wäre, Ihnen und Ihrem Fräulein Tochter wirklich einen Dienst erweisen zu können. Nur in der Form haben Sie sich vergriffen. Ein Baron Oldenau verkauft seinen Namen nicht. Dieser Name ist untadelig geblieben und erst vor kurzer Zeit mit großen Opfern, die meine Mutter und ich gebracht haben, rein erhalten worden. Er ist mir nicht um Geld feil.

Aber ich kann ihn verschenken . . . an einen Menschen, den ich für wert erachte, diesen Namen zu tragen. Dagegen empört sich mein Empfinden nicht. Ich würde also, ohne jede Entschädigung, auf Ihren Wunsch eingehen, vorausgesetzt, daß Ihr Fräulein Tochter damit einverstanden ist.«

Margot preßte in ihrem Versteck die Hände inbrünstig ans Herz. Am liebsten wäre sie dem Baron um den Hals gefallen. Wie stolz war sie auf dieses Mannes Liebe. Die Tränen traten ihr in die Augen.

»Meine Tochter ist einverstanden, ich habe bereits mit ihr gesprochen«, sagte Herr Hartmann, erfreut durch des Barons Einwilligung.

Ein bitteres Gefühl beschlich den Baron. War Margot Hartmann ein fürstlicher Name so viel wert, daß sie zu solchen Mitteln griff, ihn zu erringen? Sie konnte den Fürsten nicht lieben, davon war er überzeugt. Nur äußerliche Gründe konnten sie bewegen, in eine Verbindung mit ihm einzuwilligen. Fühlte sie nicht, wie demütigend das Ansinnen der Fürstinmutter war? Empörte sich ihr Stolz nicht dagegen?

Wenn ich sie doch aufrütteln könnte aus ihrer gedankenlosen Fügsamkeit in den Willen des Vaters! So weit dürfte sie sich seinen Wünschen nicht unterordnen. Und koste es, was es wolle, ich muß ihr die Augen öffnen, wie sehr sie sich ihre Würde vergibt, wenn sie des Fürsten Gemahlin wird. Sie ist doch sonst ein so durchaus wertvoller, klarer Charakter. Ich muß ihr helfen, sich nicht selbst zu verlieren.

So sagte er sich. Und laut fuhr er fort:

»Nun gut, Herr Hartmann, wenn Ihr Fräulein Tochter einwilligt, tue ich es auch. Ich bin bereit, ihr meinen Namen zu schenken, und gebe mein Ehrenwort, daß ich keinerlei Recht für mich ableiten und mich sofort nach der Trauung in die Scheidung fügen werde. Nur eine Bedingung knüpfe ich an meine Einwilligung.«

»Bitte, sprechen Sie. Was ist das für eine Bedingung?«

»Sie müssen mir das Versprechen geben, daß Sie und Ihr Fräulein Tochter mir am Abend der standesamtlichen Trauung oder an einem darauffolgenden — von mir zu bestimmenden Tag — die Ehre geben, als meine Gäste mit mir in einem von mir gewählten Lokal zu soupieren. Nur Sie beide allein, ohne jede andere Gesellschaft. Und Sie müssen mir versprechen, niemand von dieser Verabredung etwas zu sagen ... niemand, auch Fürst Nordheim und Herrn von Goltzin gegenüber nicht.«

Herr Hartmann lächelte. »Das ist eine Bedingung, die sich leicht erfüllen läßt. Liegt Ihnen denn so viel daran, uns als Ihre Gäste zu bewirten?«

Der Baron verneigte sich. »Ja, aus einem ganz bestimmten Grund, den ich Ihnen aber erst nach diesem Souper nennen möchte. Ich gebe Ihnen mein Wort, daß ich dabei nur an das Wohl Ihres Fräulein Tochter denke.

Sie haben mich sehr verpflichtet, Herr Hartmann, durch die Art, wie Sie mich in Ihrem Haus aufgenommen haben. Sie haben mir meine Dienstbarkeit leichtgemacht. Und ich hege große Hochachtung für Sie und das gnädige Fräulein. Bei alledem gehe ich von dem ehrlichen Bestreben aus, Ihnen einen wirklichen Dienst erweisen zu dürfen.«

Der alte Herr reichte ihm die Hand. »Lieber Baron, daß Sie in Ihrer Lage so glattweg die 50 000 Mark zurückgewiesen haben, die Sie sich doch auf ganz ehrliche Weise verdienen konnten, kann ich nicht ganz verstehen. Ihre Lebensanschauungen sind wohl anders als meine. Ich sage: Geschäft ist Geschäft, und für eine gute Ware kann ich auch gutes Geld annehmen. Hier ist die gute Ware Ihr Name. Runzeln Sie nur nicht schon wieder die Stirn! Ich sage ja, das wäre meine Ansicht gewesen. Wenn ich mir solche Skrupel hätte machen wollen, wäre ich wohl nie ein reicher Mann geworden. Ich habe immer gleich fest zugepackt, wenn ich verdienen konnte. Unehrlich bin ich dabei nie gewesen, aber auch nicht unnötig bedenklich.

Aber wenn ich auch nicht verstehe, daß Sie das Geld so stolz zurückweisen und mir in Ihrer Lage so glattweg etwas als Geschenk anbieten, für das ich Ihnen willig auch noch mehr als 50 000 Mark geboten hätte, imponiert mir das doch ... mächtig sogar! Und wenn ich Sie bisher schon hochgeschätzt habe, jetzt tue ich es noch mehr. Ich hoffe, es wird mir Gelegenheit geboten, Ihnen gelegentlich auf andere Weise meine Dankbarkeit zu beweisen.«

»Es bedarf keines Dankes, Herr Hartmann. Mein Entschluß entspringt im Grunde doch nur meinen eigenen Wünschen. Ich will die Genugtuung haben, Ihrem Fräulein Tochter einen außergewöhnlichen Dienst geleistet zu haben, ihr etwas schenken zu dürfen, was für mich das Wertvollste ist, das ich besitze.«

Herr Hartmann sah in diesen Worten nichts Beunruhigendes. Er ahnte nicht, daß der Baron seiner Tochter einen ganz anderen Dienst zu erweisen gedachte, als er von ihm verlangt hatte.

»Ich danke Ihnen jedenfalls herzlich, lieber Baron. Sie gestatten mir also, unverzüglich die nötigen Schritte einzuleiten, um die Angelegenheit in Fluß zu bringen, damit nicht unnütze Zeit verschwendet wird.«

»Gewiß. Ich bitte Sie nur, Ihr Fräulein Tochter zu ersuchen, mir vorher selbst mitzuteilen, daß es tatsächlich auch ihr Wunsch ist, eine Scheinehe mit mir einzugehen.«

»Das kann sogleich geschehen. Bitte, treten Sie in das Nebenzimmer. Ich werde meine Tochter hierherrufen lassen, ihr das Ergebnis unserer Unterredung mitteilen und Sie dann wieder hier herüberbitten, damit sie Ihnen selbst danken kann.«

Der Baron verneigte sich und trat in das Nebenzimmer. Er stellte sich an das Fenster und preßte seine heiße Stirn an die kalte Scheibe. Es war ein Aufruhr in seinem Innern, den er nicht beschwichtigen konnte. Und er war sich nicht im klaren darüber, ob er recht getan hatte, in diese Scheinehe einzuwilligen. Räumte er damit nicht vielleicht gerade ein Hindernis aus dem Weg, das eine Verbindung des Fürsten mit Margot Hartmann unmöglich machte? Aber wenn er ihr seinen Namen nicht geben würde, dann würde es sicher ein anderer tun. Dann war es schon besser, er tat es, zumal er sich damit ein Recht erkaufte, sie vor dem Schritt zu warnen, den sie tun wollte.

Er mußte daran denken, daß sie längst wußte, daß er sie liebte. Aber was galt ihr die Liebe eines Mannes, der sie nicht zu den Höhen emporführen konnte, die sie erreichen wollte?

Immerhin mußte sie ihm doch großes Vertrauen entgegenbringen, daß sie sich so ganz in seine Hand zu geben gedachte. Wie nun, wenn er sich nach der Trauung weigerte, sie freizugeben?

Wilde Wünsche, das Schicksal so zu zwingen, tobten durch seine Seele. Durfte er Margot nicht doch halten, auch gegen sein Versprechen, mit der ganzen Kraft seiner Liebe?

Er richtete sich schwer atmend auf und machte eine abwehrende Bewegung. Wohin verirrte er sich mit seinen Gedanken? Nein, er war nicht der Mann, eine Frau gegen ihren Willen festzuhalten.

Aber eines stand bei ihm fest — er würde ihr den Mann, dem sie sich zu eigen geben wollte, im rechten Licht zeigen. Sie und Ihr Vater sollten den Fürsten kennenlernen, wie er ihn kannte. Und bestand Margot dann noch immer darauf, Fürstin Nordheim zu werden, verdiente sie es nicht besser.

Seine Augen starrten düster ins Leere. Er würde nichts gewinnen, wenn sie dann darauf verzichtete, Fürstin Nordheim zu werden, wollte auch nichts gewinnen. Nur helfen wollte er ihr klarzusehen, damit sie nicht blindlings in ihr Unglück lief.

Aus seinen unruhigen Gedanken wurde er aufgeschreckt, als sich die Tür öffnete und Herr Hartmann ihn bat, wieder einzutreten.

Herr Hartmann hatte seine Tochter aus ihrem Versteck hervorgeholt, und sie hatten einige Worte zusammen gesprochen. Nun trat Baron Oldenau zu ihnen. Margot stand mitten im Zimmer und sah ihm mit leuchtenden Augen entgegen. Sie trat schnell auf ihn zu.

»Mein Vater hat mir gesagt, Baron, was Sie für mich tun wollen. Ich danke Ihnen«, sagte sie mit leise bebender Stimme.

Er sah sie groß und ernst an. »Sie wissen, mein gnädiges Fräulein, welchen Motiven meine Bereitwilligkeit, Ihnen zu dienen, entspringt«, erwiderte er fest und bedeutungsvoll. Sie schlug den Blick nicht vor ihm nieder und sah ihn mit strahlenden Augen an.

»Ich weiß es, und ich zögere nicht, Ihren Dienst anzunehmen, denn es geht um mein Glück.«

Er wurde blaß. Wie grausam sie ist. Sie muß doch wissen, was mich dieser Dienst kostet, dachte er. Und mit einem brennenden Blick in ihre Augen sagte er: »Ich hoffe von Herzen, daß es wirklich um Ihr Glück geht.«

Sie holte tief Luft.

»Es geht ganz bestimmt um mein Glück ... aber das werden Sie erst später verstehen«, antwortete sie leise.

Diese Worte und ihr Blick waren ihm unverständlich. Aber er konnte nicht weiter darüber nachdenken, weil Herr Hartmann sich nun ins Gespräch einmischte und allerlei Einzelheiten erörterte.

Somit war es nun beschlossene Sache, daß der Baron und Margot so schnell wie möglich eine Scheinehe eingehen und sich danach sofort wieder scheiden lassen würden.

Neuntes Kapitel

Herr Hartmann hatte dem Fürsten davon Mitteilung gemacht, daß seine Tochter und der Baron eingewilligt hätten und daß der Baron jede Bezahlung energisch zurückgewiesen hatte.

Der Fürst war sehr froh darüber. Es war ihm aber unfaßbar, daß der Baron das Geld zurückgewiesen hatte.

Er ist halt doch so oder so ein Deklassierter, der gute Baron. Weshalb nimmt er also das Geld nicht? Das ist dumm von ihm. Aber es ist halt seine Angelegenheit, und die Hauptsache ist, daß er es tut.

Damit war die Sache für den Fürsten erledigt.

Herr Hartmann traf schnellstens alle Vorbereitungen zu der geplanten Scheinehe. Natürlich geschah dies in aller Stille. Herr von Goltzin war ihm in jeder Beziehung behilflich und warb schon jetzt um die Hilfe des in Ehescheidungssachen besonders erfahrenen Rechtsanwalts, der sich auch sogleich für den besonders einträglichen Fall interessierte.

Fürst Edgar hielt sich jetzt nach außen hin aus der ganzen Angelegenheit heraus. Er wollte erst nach erfolgter Scheidung wieder in Aktion treten. Inzwischen lebte er vergnügt auf Kosten seines künftigen Schwiegervaters. Herr von Goltzin hatte nämlich von Herrn Hartmann eine bedeutende Summe für den Fürsten als Vorschuß auf die Mitgift erbeutet, damit der Fürst sich bis zu seiner Verbindung mit der »Baronin Oldenau« über Wasser halten konnte. Seine Gläubiger vertröstete der

Fürst auf seine bevorstehende Millionenheirat und lebte nun in Saus und Braus.

Baron Oldenau erfuhr durch vorsichtige Erkundigungen, daß Seine Durchlaucht nach wie vor jeden Abend mit gleichgestimmten Freunden und galanten Damen in der Loge Nummer neun seine Gelage feierte. Zwischen Margot und dem Baron bestand jetzt ein seltsames Verhältnis. Sie sahen sich täglich wie bisher, sprachen aber nur das Nötigste miteinander und vermieden es, einander anzusehen. Ein aufmerksamerer Beobachter als Herr Hartmann hätte vielleicht eine verhaltene Unruhe im Wesen der beiden jungen Leute bemerkt, aber der alte Herr hatte jetzt andere Dinge im Kopf.

Margot dachte oft darüber nach, warum der Baron als einzige Bedingung gestellt hatte, daß sie und ihr Vater als seine Gäste mit ihm soupieren sollten. Aber sie konnte natürlich nichts ergründen.

An den Fürsten dachte Margot gar nicht mehr. Sie sah in zitternder Erregung dem Tag entgegen, an dem sie vor dem Gesetz Baronin Oldenau werden sollte. Nur wenige Tage trennten sie noch von dem Zeitpunkt. Und sie wußte, daß sie dann alle Kräfte nötig haben würde, um ihr gefährdetes Glück in einen sicheren Hafen zu retten. Sie war aber voll froher Zuversicht, daß es ihr gelingen würde, denn sie wußte sich geliebt, und das gab ihr ein köstliches Gefühl der Sicherheit.

Sie wußte, daß der Baron tausend Qualen litt in dem Wissen, daß er ihr den Weg ebnen sollte, Fürstin Nordheim zu werden. Wenn sie zuweilen verstohlen in sein blasses, düsteres Gesicht sah, hätte sie aufspringen und zu ihm treten mögen, um tröstend über seine Wange zu streicheln. Aber das durfte sie nicht.

Von Tag zu Tag schlug ihre Liebe für den Baron tiefere Wurzeln in ihrer Seele, und um keinen Preis der Welt hätte sie ihre Hand einem anderen Manne gereicht.

Ein heißes Gefühl der Dankbarkeit gegen das Schicksal war

in ihr, daß ihr Vater gerade den Baron Oldenau ausersehen hatte, ihr Scheingatte zu werden. Sie wußte, daß sie dem Baron Ruhe und Frieden hätte geben können, wenn sie ihm gesagt hätte, warum sie in eine Trauung mit ihm eingewilligt hatte. Aber sie fürchtete in diesem Fall seine große, unbeirrbare Gewissenhaftigkeit. Er würde dann von ihr Offenheit ihrem Vater gegenüber fordern und damit vielleicht alles aufs Spiel setzen. Auch sollte der Vater keinen Grund haben, dem Baron zu zürnen. Deshalb ließ sie ihn bei ihren Plänen vollständig aus dem Spiel. Er sollte unbefangen bleiben und erst der vollendeten Tatsache gegenüberstehen. Daß er jetzt einige Wochen ihretwegen Schmerzen litt, tat ihr leid. Aber sie wollte diese Schmerzen tausendfältig wiedergutmachen und ihn für alle Qualen entschädigen.

So kam endlich der Tag heran, an dem die standesamtliche Trauung des Barons mit Margot stattfinden sollte. Niemand wußte darum, außer den Beteiligten. Nicht einmal die Hausdame war eingeweiht worden. Es war alles ganz in der Stille vorbereitet worden. Die Angelegenheit sollte so wenig Aufsehen wie möglich erregen.

Als Trauzeugen fungierten der Freiherr von Goltzin und Herr Hartmann.

Der Fürst war natürlich von Herrn von Goltzin auf dem laufenden gehalten worden und wußte, wann die Trauung stattfinden würde.

Am Hochzeitsmorgen erwartete Baron Oldenau Margot und ihren Vater unten im großen Empfangszimmer. Das Auto wartete bereits vor der Tür. Mit Herrn Goltzin wollte man sich auf dem Standesamt treffen.

Margot sah seltsam blaß aus, als sie in schlichter Promenadentoilette mit ihrem Vater das Zimmer betrat, in dem sie der Baron erwartete. Herr Hartmann war ein wenig erregt.

»Sind Sie bereit, lieber Baron?« fragte er.

Dieser verneigte sich. »Ich stehe zur Verfügung«, sagte er und sah Margot mit großen, ernsten Augen an.

Nie war sie ihm so hold und lieblich erschienen wie in diesem Augenblick. Und als sie ihn ansah, erschrak er bis ins tiefste Herz vor ihrem in verhaltener Glückseligkeit leuchtenden Blick.

Was war das? Warum sah sie ihn so an?

Er hatte aber keine Zeit, weiter darüber nachzudenken. Herr Hartmann drängte zum Aufbruch, und man begab sich zum Auto.

Niemand im Hause ahnte, zu welchem Zweck Vater und Tochter mit dem Baron das Haus verließen.

Die drei saßen einander schweigend gegenüber.

Im Grunde seines Herzens war Herrn Hartmann doch etwas beklommen zumute. Er gestand sich nur nicht ein — wollte es sich nicht eingestehen —, daß diese Scheinheirat gegen sein innerstes Empfinden verstieß. Wenn er sich nicht zu sehr in den Gedanken verbissen hätte, daß seine Tochter Fürstin Nordheim werden müsse, hätte er in diese Komödie nicht eingewilligt.

Herr von Goltzin hatte in den letzten Wochen immerzu auf ihn eingeredet, diese Scheinehe sei eine ganz selbstverständliche Sache. Auch der Baron machte ja keine Schwierigkeiten, und Margot fügte sich widerstandslos. Es ging alles wie am Schnürchen, aber dennoch . . . Dem alten Herrn war nicht wohl zumute.

Der Baron und Margot hingen auch ihren Gedanken nach. Der Baron zeigte ein unbewegtes Gesicht und ließ sich nicht anmerken, wie es in ihm aussah. Und Margot zitterte vor heimlicher Erregung.

So erreichte man das Standesamt. Herr von Goltzin war bereits zur Stelle und sprach sofort lebhaft und vergnügt auf die Herrschaften ein. Es ging dann auch alles glatt vonstatten. Herr von Goltzin und Herr Hartmann traten mit dem jungen

Paare vor den Standesbeamten. Der Baron und Margot zeigten bei dem feierlichen Akt der standesamtlichen Trauung tiefernste Gesichter. Sie waren beide sehr blaß und still und wagten einander nicht anzusehen. Aber Margot schrieb nach der vollzogenen Zeremonie mit fester Hand ihren neuen Namen unter die Urkunde, als sollte sie zu Recht bestehen für alle Zeit.

Wenige Minuten später war alles vorüber. Margot Hartmann war nun die Baronin Oldenau.

Freiherr von Goltzin verabschiedete sich sogleich vor dem Standesamt. Er wollte zu dem Fürsten fahren und ihm die Nachricht bringen, daß Margot jetzt Baronin Oldenau hieß.

Die drei anderen fuhren zur Villa Hartmann zurück.

Dort angekommen, ersuchte Baron Oldenau Herrn Hartmann um eine Unterredung. Der alte Herr bat ihn, mit ihm in sein Arbeitszimmer zu kommen.

Er bat den Baron, Platz zu nehmen, und setzte sich ihm gegenüber.

»Lieber Baron, es ist mir lieb, daß ich Ihnen gleich jetzt noch einmal herzlich danken kann für Ihre Bereitwilligkeit, die Hindernisse aus dem Wege zu räumen, die sich der Verbindung meiner Tochter mit dem Fürsten entgegenstellten.«

Der Baron sah ihn seltsam an. »Ich habe durch mein Eingehen auf Ihre Wünsche nicht beabsichtigt, diese Hindernisse aus dem Wege zu räumen, sondern wollte damit nur Ihrem Fräulein Tochter einen Dienst erweisen.«

Herr Hartmann zuckte lächelnd die Achseln. »Das ist doch dasselbe, lieber Baron.«

»Nicht ganz, Herr Hartmann. Aber lassen wir das, bitte. Ich habe um diese Unterredung gebeten, um Ihnen mitzuteilen, daß ich Sie bitte, mir zu gestatten, noch heute meine Stellung niederzulegen und Ihr Haus zu verlassen.«

Betroffen sah der alte Herr auf. »Aber lieber Baron, warum denn das?«

Der Baron richtete sich auf. »Weil es unter den veränderten Verhältnissen nötig ist. Es ist nicht angängig, daß ich in der seltsamen Stellung, die ich jetzt Ihrem Fräulein Tochter gegenüber einnehme, hier im Hause bleibe. Eine so delikate Angelegenheit fordert auch eine delikate Behandlung.«

Erregt fuhr sich Herr Hartmann über die Stirn. »Aber lieber Baron, daran habe ich natürlich nicht gedacht! Läßt sich das gar nicht vermeiden?«

»Nein.«

»Das ist mir aber höchst unangenehm. Erstens sind Sie mir fast unentbehrlich geworden, und dann ... daß Sie nun durch diese Angelegenheit um Ihre Stellung kommen sollen ... Teufel noch einmal, das ist mir sehr, sehr schmerzlich!«

»Es freut mich, daß Sie meine Dienste so hoch bewerten, Herr Hartmann. Aber es läßt sich nicht umgehen. Es ist notwendig im Interesse Ihrer Tochter, daß ich noch heute aus ihrem Gesichtsfeld verschwinde und daß wir nicht mehr zusammentreffen, bis unsere Scheinehe wieder geschieden ist.«

Herr Hartmann sprang auf und lief im Zimmer auf und ab: »Das ist ja eine ganz verzwickte Geschichte! Ich will Sie nicht entlassen ... ich denke gar nicht daran! Wissen Sie keinen Ausweg, wie wir das umgehen können?«

»Nein, ich weiß keinen Ausweg.«

»Und das haben Sie gewußt? Sie haben vorher gewußt, daß Sie Ihre Stellung aufgeben müssen und haben dennoch eingewilligt, uns diesen Dienst zu erweisen?« fragte der alte Herr, vor dem Baron stehenbleibend.

»Ja, ich habe es vorher gewußt.«

»Na, wissen Sie, Baron, nun verstehe ich Sie erst gar nicht mehr! Das hätten Sie mir doch sagen können! Dann hätte mir Herr von Goltzin irgendeinen anderen Adligen ausfindig gemacht, der als Scheingatte meiner Tochter fungieren konnte.«

Mit einem seltsam festen, harten Blick sah der Baron den alten Herrn an. »Hätten Sie das wirklich tun wollen, hätten

Sie Ihre Tochter – wenn auch nur zum Schein – an einen Mann binden mögen, den Ihnen Herr von Goltzin empfohlen hätte? Herr von Goltzin kann Ihnen doch unmöglich untadelig erscheinen.

Er hätte Ihnen einen Menschen gebracht, dem sein Name für Geld feil gewesen wäre – weil er wahrscheinlich schon gar keinen Wert mehr hatte. Und an solch einen Menschen hätten Sie Ihre Tochter, wenn auch nur für kurze Zeit binden wollen, nur um dadurch eine Verbindung zwischen ihr und dem Fürsten zu ermöglichen?«

Herr Hartmann fuhr sich nervös über die Stirn. »Herrgott, Sie können einem Fragen stellen, Baron, die einen rot werden lassen wie einen auf schlechten Streichen ertappten Schuljungen! Sie haben aber recht. Die ganze Angelegenheit geht mir ohnedies gegen den Strich. Aber was tut man nicht für das Glück seines Kindes!«

»Halten Sie es wirklich für ein Glück für Ihre Tochter, Fürstin Nordheim zu werden?« fragte der Baron ernst und eindringlich.

»Aber selbstverständlich!« erwiderte Herr Hartmann lebhaft und überzeugt. »Sonst würde ich doch nicht alle Hebel in Bewegung setzen, diese Verbindung zustande zu bringen. Meine Tochter soll eine vornehme Dame werden, bei Hofe verkehren, alle anderen überstrahlen. Sie hat ja das Zeug dazu. Ich will sie ganz oben sehen. Ich, der Arbeitersohn, will meiner Tochter zu einer Fürstenkrone verhelfen. Verstehen Sie das nicht, daß es sie und mich glücklich machen muß, wenn wir dies Ziel erreichen?«

»Nein, Herr Hartmann, ich verstehe Sie in diesem Punkt nicht. Vielleicht haben wir beide zu verschiedene Ansichten vom Glück.«

Herr Hartmann nickte. »Höchstwahrscheinlich! Aber nun sagen Sie mir, ist es wirklich nicht zu umgehen, daß Sie Ihre Stellung bei mir aufgeben?«

»Nein, Herr Hartmann, das ist nicht zu umgehen.«

Wieder lief der alte Herr aufgeregt hin und her. Dann blieb er vor dem Baron stehen. »Und schon heute wollen Sie mein Haus verlassen?«

»Ich bitte um die Erlaubnis dazu.«

»Und was werden Sie nun anfangen?«

»Das weiß ich noch nicht. Ich muß mir natürlich eine andere Existenzmöglichkeit suchen.«

»Und werden Sie mir dann wenigstens gestatten, daß ich Ihnen dabei behilflich bin? Oder verstößt das auch gegen Ihren verflixten, aber doch prachtvollen Stolz, Sie ... Sie ... Na, ich weiß nicht, was ich Ihnen für eine Liebenswürdigkeit an den Kopf werfen soll.«

»Ich wäre Ihnen dankbar, wenn Sie mich jemandem empfehlen. Vielleicht nehme ich die Stellung als Korrespondent bei Kommerzienrat Preis an, die er mir in Aussicht stellte.«

»Ich werde mit dem Kommerzienrat sprechen. Vielleicht findet sich eine bessere Stellung für Sie. Weiß Gott, ich lasse Sie nicht gern fort ... ich habe Sie in mein Herz geschlossen. So ein Prachtkerl sind Sie! Verzeihen Sie diesen Ausdruck, der wohl sehr formlos ist. Aber ich fand keinen besseren.

Jedenfalls werde ich Sie nicht wieder aus den Augen lassen. Und außerdem muß ich doch selbstverständlich wenigstens dafür Sorge tragen, daß Ihnen aus dieser Angelegenheit kein zu großer Schaden erwächst. Wie gesagt, ich hatte keine Ahnung, daß ich Sie dadurch verlieren würde. Aber ich sehe auch ein, daß Sie sich jetzt nicht halten lassen.«

»Nein, Herr Hartmann, ich darf mich nicht halten lassen«, sagte der Baron, der sehr wohl wußte, daß ein längeres Verweilen hier im Hause unter den obwaltenden Umständen eine Qual sondergleichen für ihn sein würde.

»Und gleich heute wollen Sie also fort?« fragte Herr Hartmann.

»Wenn Sie erlauben, ja.«

»Wenn es sein muß, dann muß ich Ihnen natürlich die Erlaubnis geben.«

»Ich danke Ihnen. Und nun möchte ich noch eine Bitte aussprechen. Sie haben mir versprochen, mit Ihrer Tochter und mir als meine Gäste zu soupieren. Darf ich Sie bitten, das heute abend zu tun ... mir den heutigen Abend zu schenken? Ich weiß, Sie sind heute nicht anderweitig verabredet.«

»Gut, wir nehmen an.«

»Ich danke Ihnen. Und gestatten Sie mir bitte, daß ich Sie heute abend in einem Mietauto abhole.«

»Wir können doch mein Auto benutzen!«

»Das eben möchte ich aus einem bestimmten Grund, den ich Ihnen später nennen werde, vermeiden.«

»Na, meinetwegen. Wenn Sie absolut Geld für uns ausgeben wollen, kann man Sie nicht daran hindern. Sie sind ein sonderbarer Heiliger, Baron!«

»Sie werden mich verstehen, Herr Hartmann, wenn Sie mit mir soupiert haben. Ich werde Sie also gegen neun Uhr abholen.«

»Gut, wir erwarten Sie.«

»Sie gestatten, daß ich mich noch von Ihrer Tochter verabschiede?«

»Selbstverständlich! Ich muß jetzt in einer dringenden geschäftlichen Angelegenheit nach Berlin fahren, entschuldigen Sie mich. Lassen Sie sich ruhig bei meiner Tochter melden. Ich hoffe, Sie noch vorzufinden, wenn ich zurückkomme. Sie müssen ja doch Ihre Sachen packen.«

»Allerdings, einige Stunden werde ich noch brauchen, ehe ich damit fertig bin.«

»Gut, bis dahin bin ich zurück. Und heute abend besprechen wir dann beim Souper das Weitere. Jetzt auf Wiedersehen, mein lieber Baron.«

»Auf Wiedersehen, Herr Hartmann.«

Herr Hartmann entfernte sich schnell, und einige Minuten

später fuhr er in seinem Auto davon. Es war ihm gar nicht sonderlich wohl in seiner Haut. Daß der Baron gehen wollte, schmerzte ihn ehrlich. Er hatte den tüchtigen, gewissenhaften und fleißigen Mann sehr liebgewonnen. Außerdem mußte er immerfort an die Frage denken: Halten Sie es wirklich für ein Glück für Ihre Tochter, Fürstin Nordheim zu werden?

Er fragte sich zum erstenmal selbst ernsthaft, ob das Glück seiner Tochter wirklich damit begründet sei, daß sie den höchsten Kreisen der Aristokratie angehören würde.

Baron Oldenau begab sich, nachdem Herr Hartmann fortgefahren war, in sein Zimmer. Er wollte gerade klingeln und einen Diener herbeirufen, um sich Margot melden zu lassen, als es an die Tür klopfte.

Er rief zum Eintritt, und ein Diener erschien.

»Das gnädige Fräulein lassen den Herrn Baron bitten, sich in ihren Salon zu bemühen.«

Es zuckte leise um den Mund des Barons. »Ich komme sogleich.« Und wenige Minuten später stand er vor Margot.

Sie wußte, daß ihr Vater einige Stunden von zu Hause fort sein würde und daß die Hausdame ausgegangen war, um Besorgungen zu machen. So konnte sie gewiß sein, daß sie nicht gestört wurde. Sie wollte diese Zeit nützen, um weiter an ihrem Glücke zu schmieden.

Sie stand ein wenig hilflos und verlegen vor dem Baron und deutete auf einen Sessel. »Ich habe Sie rufen lassen, Baron, weil ich weiß, daß mein Vater abwesend ist und weil ich etwas mit Ihnen besprechen muß.«

Er verneigte sich und ließ sich – auf ihre Aufforderung hin – ihr gegenüber nieder. Keine Miene zuckte in seinem Gesicht.

»Ich kann mir denken, mein gnädiges Fräulein ... nein, Pardon ... gnädigste Baronin, was Sie von mir wünschen. Sie wollen mich sicher bitten, daß ich noch heute das Haus Ihres Vaters verlasse, da es nicht angängig ist, daß wir unter den veränderten Umständen ferner unter einem Dach weilen. Diese Bitte ist jedoch nicht mehr nötig. Ich habe bereits Ihren Herrn Vater um meine Entlassung gebeten und sie auch erhalten. In einigen Stunden verlasse ich das Haus und war eben im Begriff, Sie bitten zu lassen, daß ich mich von Ihnen verabschieden darf.«

Margot war ein wenig blaß geworden. »Sie wollen fort?«

»Ja, das haben Sie doch auch wohl nicht anders erwartet? Nicht wahr, ich kam Ihrer diesbezüglichen Bitte zuvor?«

Sie schüttelte den Kopf. »Nein, Baron, ich habe Sie bitten lassen, um ... nun, jedenfalls wollte ich Ihnen nochmals danken, daß Sie auf den Wunsch meines Vaters eingingen und mir Ihren Namen gaben.«

Er sah sie seltsam an. Ein bitteres Lächeln umspielte seinen Mund. »Es bedarf keines Dankes. Eigentlich müßte ich Ihnen danken, daß Sie mir so großes Vertrauen entgegenbrachten. Denn war es nicht eigentlich ein wenig leichtsinnig von Ihnen, gnädigste Baronin, sich so ganz in meine Hände zu geben? Sie wissen doch, daß ich Sie liebe. Wenn ich mich nun jetzt weigern würde, Sie freizugeben?«

Margot schloß die Augen und lehnte sich, vor Erregung erblassend, in ihrem Sessel zurück. Der Baron sah sie mit brennenden Augen an, dann fuhr er schnell fort:

»Nein, nein ... Sie brauchen nicht zu erschrecken!«

Da öffnete sie die Augen weit und sah ihn groß an. »Nein, es war nicht leichtsinnig, ganz gewiß nicht. Ich kenne Sie als einen Ehrenmann, dem sein Wort und sein Versprechen heilig sind. Sie hatten sich doch verpflichtet, mich freizugeben. Aber *Sie* waren leichtsinnig, Baron!«

Er sah sie fragend an. »Ich?«

Sie richtete sich straff in ihrem Sessel auf. »Ja, Sie. Ohne jede Vorsichtsmaßregel haben Sie mich, wenn auch nur zum

Schein, zu Ihrer Frau gemacht. Und ich habe nicht versprochen, Sie wieder freizugeben!«

Es zuckte in seinem Gesicht wie Wetterleuchten. »Sie belieben sehr grausam mit mir zu scherzen, Baronin!«

Schnell erhob sie sich und stand nun hoch und stolz aufgerichtet vor ihm. »Ich scherze nicht, Baron! Und ich habe Sie nur rufen lassen, um Ihnen zu sagen, daß ich nichts tun werde, um eine Scheidung von Ihnen zu erlangen. Wenn Sie wieder ein freier Mann werden wollen, dann müssen *Sie* die Scheidung einreichen.«

Auch er sprang nun auf und sah sie fassungslos an. »Was soll das heißen?«

Ein Zittern flog über ihre Gestalt, sie sank in sich zusammen und stand nun in rührend hilfloser Mädchenhaftigkeit vor ihm.

»Das soll heißen, daß ich niemals die Absicht gehabt habe, Fürstin Nordheim zu werden. Ich liebe den Fürsten nicht, achte ihn nicht einmal. Vielleicht hätte ich mich durch die Wünsche meines Vaters verleiten lassen, eine solche Ehe in Erwägung zu ziehen, ... wenn ich Sie nicht kennengelernt hätte.

Sie haben mir neulich gesagt, daß Sie mich lieben ... dann sind Sie davongelaufen und haben gar nicht abgewartet, was ich Ihnen darauf zu erwidern hatte. So will ich es jetzt tun. Ich liebe Sie mit der ganzen Innigkeit meines Herzens und bin sehr glücklich, von Ihnen geliebt zu werden.«

Mit zitternder Erregung hatte er zugehört. Nun beugte er sich vor und sah ihr fassungslos ins Gesicht. »Margot, Margot, ist das Ihr Ernst, oder spielen Sie nur grausam mit mir?«

Ihre Augen wurden feucht und sie sagte mit versagender Stimme: »Ich wollte nicht tatenlos zusehen, wie mein Glück in Trümmer ging. Nur deshalb willigte ich in diese Verbindung mit Ihnen ein. Nun müssen Sie bestimmen, ob ich Baronin Oldenau bleiben soll ... für alle Zeit!«

Da brauste es über ihn dahin wie eine Woge rauschenden Glückes. Mit einer raschen Bewegung nahm er sie in die Arme.

»Margot ... meine Margot! Nun mag kommen, was will. Ich gebe dich nicht wieder frei!« rief er außer sich vor Glückseligkeit und preßte seine Lippen fest auf die ihren. Sie hielten einander innig umschlungen, als wollten sie nie wieder voneinander lassen. Und das hohe Lied des Lebens umbrauste sie wie Orgelton und Glockenklang.

Lange standen sie so in inniger Umarmung, Kuß um Kuß in seliger Selbstvergessenheit tauschend. Endlich löste sich Margot – erglühend und wie aus einem Traum erwachend – aus seinen Armen und sah zaghaft lächelnd zu ihm auf.

»Noch sind nicht alle Schatten von unserem Glück geschwunden, mein geliebter Horst. Jetzt gilt es noch einen Kampf mit meinem Vater.«

Seine Augen blitzten übermütig und zuversichtlich. »Wenn wir zwei nur einig sind und fest entschlossen, uns nicht zu trennen, meine Margot. Gottlob habe ich nicht mein Ehrenwort gegeben, die Scheidung einzureichen, sondern nur, mich darein zu fügen. Liebling, es ist mir ja noch wie ein Traum, daß du mein eigen sein willst, ganz mein ... meine liebe Frau. Weißt du denn, wie sehr ich dich liebe?«

Sie schmiegte ihre Wange an die seine. »Ja, Horst, ich weiß es. Wie hast du mir leid getan in diesen Tagen, da ich dir eine Komödie vorspielen mußte. So traurig und unglücklich hast du ausgesehen. Ich hätte dich immerfort trösten und streicheln mögen. Hast du denn nicht in meinen Augen gelesen, du törichter Mann, was ich für dich fühle?«

Entzückt und beglückt sah er sie an. »Heute morgen, ehe wir zum Standesamt fuhren, erschrak ich vor dem Ausdruck deiner Augen. Aber ich wagte nicht, daran zu glauben, daß es Liebe war, die mir daraus entgegenstrahlte.«

»Und ich wagte nicht, dich in meinen Plan einzuweihen. Du

bist solch ein Fanatiker der Rechtlichkeit. Ich glaube, du hättest Papa alles verraten, um ihn nicht hintergehen zu müssen.«

Er küßte sie heiß und innig. Dann erwiderte er: »Vielleicht hätte ich es wirklich getan. Es ist jedenfalls gut, daß du mich nicht eingeweiht hast. So stehe ich deinem Vater wenigstens mit reinem Gewissen gegenüber und kann nun mutig um unser Glück mit ihm kämpfen.

Weißt du, mein liebes Herz, einen Augenblick war ich trotz meiner ›fanatischen Rechtlichkeit‹ in Versuchung, dich allem zum Trotz festzuhalten, weil ich weiß, daß der Fürst deiner nicht wert ist, daß er dich unglücklich machen würde. Ich kenne ja seine ganze Erbärmlichkeit.«

»Und trotzdem schenktest du mir deinen Namen, um die Hindernisse zwischen mir und ihm aus der Welt zu schaffen?«

»Nein, Margot, nicht deshalb. Ich muß dir ein Geständnis machen. Du weißt, daß ich eine Bedingung stellte.«

»Ja, daß Papa und ich mit dir an einem Abend als deine Gäste soupieren sollten.«

»Ganz recht, und ich habe mit deinem Vater vorhin verabredet, daß dieses Souper heute abend stattfinden soll. Ich war der Überzeugung, daß es ein Abschiedssouper werden sollte. Aber ich wußte, daß du nach diesem Souper nicht mehr ungewarnt in die Ehe mit dem Fürsten gehen würdest.«

Erstaunt sah sie ihn an. »Wie meinst du das?«

Er erzählte ihr alles und fuhr dann fort: »Siehst du, meine Margot, nur um ein Recht zu erhalten, dich warnen zu dürfen, wie ich es in meiner Angst und Sorge um dich schon längst gern getan hätte, ging ich auf euren Wunsch ein. Vielleicht auch, weil ich mir sagte: Zeit gewonnen, alles gewonnen.

Freilich war es außerdem ein schmerzlich-süßes Gefühl für mich, dich, wenn auch nur zum Schein und für kurze Zeit, mein eigen nennen zu dürfen, dir meinen Namen geben zu können. Es war das Kostbarste, was ich besaß, mein guter alter Name. Und es beglückte mich trotz allem, dir ein solches Geschenk machen zu dürfen.«

Sie legte die Arme um seinen Hals. »Mein geliebter Mann«, sagte sie mit einer tiefen Innigkeit.

Er preßte sie fest an sich. »Meine süße Frau! Wie ist es nur möglich, daß plötzlich so viel Glück auf mich einstürmt? Bist du auch so unsagbar glücklich?«

Sie küßte ihn fest und innig auf den Mund. »Namenlos glücklich macht mich deine Liebe. Und sieh, weil ich an deiner Seite mein ganzes Glück finden werde, wird mein Vater sich schließlich ins Unvermeidliche fügen. Ich habe schon einen Plan, wie ich ihn unseren Wünschen geneigt machen kann. Er schätzt dich gottlob sehr, und ich glaube, er hat dich nicht gern entlassen.«

»Allerdings nicht. Er war außer sich, daß ich gehen wollte.«

»Nun wohl! Als du mir vorhin von dem ausschweifenden Lebenswandel des Fürsten erzähltest und mir mitteiltest, wie du mich vor ihm hattest warnen wollen, schoß es mir wie ein Blitz durch den Kopf, daß dieses geplante Souper unbedingt stattfinden muß.

Wir müssen Papa dorthin führen, wo er den Fürsten belauschen kann, und ihm die Warnung zuteil werden lassen, die du mir zugedacht hattest. Das wird ihm die Augen öffnen über den wahren Wert des Fürsten.

Vorher wollen wir ihm nichts sagen von unserer Absicht, unsere Ehe bestehen zu lassen. Wir müssen ein wenig diplomatisch sein und vorerst nichts verraten von unserer Liebe, bis Papa den wahren Charakter des Fürsten erkannt hat. Dann erst will ich meine Sache bei ihm führen.

Sorge dich nicht zu sehr, es wird alles gut werden. Mein Vater will im Grunde nur mein Glück. Und wenn er einsieht, daß ich es nur an deiner Seite finden kann, wenn er erkennt, daß er das Glück für mich an einer falschen Seite suchte, dann wird er uns seinen Segen geben.«

»Ich hoffe, meine Margot, daß du recht hast. Also, was willst du nun, das ich tun soll?«

Sie küßten einander wieder erst einmal in heißer Innigkeit. Dann sagte Margot im Übermut des Glückes:

»Also der Sekretär meines Vaters hat jetzt seine Stellung aufgegeben und muß das Haus verlassen, so, wie er es mit meinem Vater besprochen hat.

Mein Vater braucht jetzt keinen Sekretär mehr, er wird einen Schwiegersohn haben, der ihn erzieht. Und heute abend holst du uns im Mietauto ab, damit niemand unser Auto erkennt. Du hast also die Loge Nummer acht bestellt, neben der des Fürsten?«

»Ja, Margot.«

»Nun, dort werden wir also zusammen soupieren, und du, mein geliebter Mann, wirst ganz formell und zurückhaltend neben deiner Margot sitzen. Alles Weitere überlasse ich dir und dem Schicksal. Was danach kommt, wird durch die Ereignisse bestimmt werden.«

»Ich hoffe, daß wir schon nach diesem Souper deinem Vater die Wahrheit sagen können. Denn ich möchte ihn nicht länger als unbedingt nötig hintergehen.«

Sie sah ihn schelmisch an. »Schon Gewissensbisse, Horst?«

Er küßte sie zärtlich. »Nein, wenn ich dich ansehe, sage ich mir, um dich mir zu erhalten, könnte ich selbst Dinge tun, die mein Gewissen belasten.«

Sie atmete tief auf. »Besser, daß es nicht nötig war. Ich glaube, mit einem belasteten Gewissen bist du ein unglücklicher Mensch. Und du sollst doch glücklich sein. Aber nun schicke ich dich fort, Liebster. Ich will nicht, daß uns Papa zusammen findet. Ich muß mich erst ein wenig fassen.«

Bittend sah er sie an. »Jetzt willst du mich schon fortschicken? Dein Vater kommt noch nicht zurück. Laß mich noch bei dir bleiben. Wir haben uns noch so viel zu sagen.«

Es fiel ihr gar nicht schwer, ihm seine Bitte zu erfüllen. Innig umschlungen saßen sie beieinander, und es waren süße, törichte Worte, die sie sich zu sagen hatten und die doch allen Liebenden so wichtig sind. Aber etwas Wesentliches fiel Margot doch noch ein.

»Was wird nun deine Mutter zu alledem sagen? Weiß sie, daß du heute morgen eine Scheinehe mit mir schließen wolltest?« fragte sie.

Lächelnd schüttelte er den Kopf. »Nein, Margot, es hätte sie unnötig beunruhigt. Und sie hätte mir dann abgeraten. Ich wollte mich aber nicht davon abbringen lassen.«

Sie legte seine Hand schmeichelnd an ihre Wange. »Gottlob, daß du es nicht getan hast! Wir wären vielleicht lange nicht zum Ziel gekommen ohne diesen gesegneten Einfall der Fürstinmutter. Aber nicht wahr, heute, wenn du unser Haus verläßt, gehst du zu deiner Mutter und sagst ihr alles ... alles, wie ich mir vom Schicksal mein Glück ertrotzt habe.«

»Nicht ertrotzt, Margot. Du hast es nur festgehalten!«

»Mein lieber Vater hat mir selbst gesagt: Man ist berechtigt und verpflichtet, seinem Lebensglück mit allen Mitteln nachzustreben, solange man sie vor sich selbst verantworten kann.

Ich habe ihm gesagt, daß ich diesen Rat beherzigen und befolgen werde, und habe es getan. Er meinte es freilich anders, sah das Lebensglück für mich auf anderer Bahn. Übrigens habe ich kein anderes Versprechen gegeben, als daß ich Baronin Oldenau werden wollte. Dies Versprechen habe ich gehalten.«

»Wärst du nur erst wirklich meine Frau, Liebling, nicht nur dem Namen nach.«

»Erst müssen wir uns noch kirchlich trauen lassen, Horst, und dabei darf uns weder der Segen meines Vaters noch der deiner Mutter fehlen.«

»Der Segen meiner Mutter ist uns sicher. Aber wird uns auch dein Vater den seinen geben?«

»Er wird es tun, sei ganz ruhig, sobald er seinen Fürstentraum ausgeträumt hat. Also du gehst noch heute zu deiner Mutter, bringst ihr meinen herzlichsten Gruß und sagst ihr, ich lasse sie innig bitten, auch mir eine Mutter zu sein. Sie soll mich ein wenig liebhaben. Und sobald ich kann, komme ich zu ihr und bitte sie selbst darum. Sage ihr viel Liebes von mir, damit sie mir gut ist.«

Er küßte ihre Hände, ihre Augen, ihre Lippen.

»Meine süße Margot! Meine Mutter wird dich lieben, weil du mich glücklich machst. Wie konnte ich nur glauben, daß du kalten Herzens nach dem Glanz einer Fürstenkrone streben könntest!«

»Oh, dafür muß ich dich noch fürchterlich strafen!«

»Mache es gnädig, Liebste!«

»Ich will Gnade vor Recht ergehen lassen.«

Sie küßten sich zärtlich und vergaßen alles um sich her. Sie schraken erst auseinander, als unten das Auto von Herrn Hartmann vorfuhr.

Margot sprang auf. »Jetzt geh schnell, Liebster, Papa soll dich hier nicht finden. Ich könnte jetzt nicht ruhig sein in deiner Gegenwart. Auf Wiedersehen heute abend.«

»Auf Wiedersehen, mein Liebling.«

Sie küßten sich schnell noch einmal, dann eilte der Baron davon.

Margot stand eine Weile mit geschlossenen Augen und auf das Herz gepreßten Händen da und lauschte seinen verklingenden Schritten nach.

Zehntes Kapitel

Baron Oldenau hatte, nachdem er seine junge Frau verlassen hatte, schnell auf seinem Zimmer seine Sachen gepackt und war dann noch einmal auf einige Minuten mit Herrn Hartmann zusammengetroffen. Sie hatten sich verabschiedet und für den Abend fest verabredet.

Der Baron hatte sich dann zu seiner Mutter begeben und ihr alles gebeichtet, was geschehen war. Sie war glückselig im Glück ihres Sohnes und nur ein wenig bange, wie sich Herr Hartmann zu der Angelegenheit stellen würde.

Aber Baron Horst war froh und zuversichtlich. Margot war sein eigen, gehörte ihm an für alle Zeit – nun mochte kommen, was da wollte! Er fühlte sich stark genug, dem Schicksal zu trotzen, was es ihm auch bringen würde. Voll Ungeduld und Unruhe erwartete er den Abend. Es war nur eine Besorgnis in ihm, daß Fürst Nordheim vielleicht doch heute abend nicht in der Loge Nummer neun anwesend sein würde, obwohl er in Erfahrung gebracht hatte, daß der Fürst heute abend bestimmt erwartet würde.

Endlich war es soweit, daß er zur Villa Hartmann fahren konnte. Er war bis dahin bei seiner Mutter geblieben und verabschiedete sich nun, von ihren Segenswünschen begleitet. Als er mit dem Mietauto vor dem Portal hielt und gleich darauf das Vestibül betrat, kam ihm Herr Hartmann schon entgegen. Und Margot – seine Margot! – erschien auf der Treppe. Sie trug eine entzückende Abendtoilette und sah strahlend schön aus. Für ihn hatte sie sich mit besonderer Sorgfalt geschmückt, und sie las beglückt in seinen Augen, daß ihr Anblick ihn entzückte.

Ein Diener stand mit einem kostbaren Pelzmantel über dem Arm am Fuße der Treppe. Der Baron nahm ihm schnell den Mantel ab und legte ihn um die schönen Schultern seiner

Frau. Wie gern hätte er seine Lippen auf den makellosen Nacken gedrückt, der ihm aus dem Ausschnitt ihres Kleides entgegenleuchtete. Verstohlen berührten sich einen Moment ihre Hände im festen, innigen Druck.

Herr Hartmann war inzwischen mit seinen Handschuhen beschäftigt. Er war in einer wenig rosigen Stimmung. Daß er seinen Sekretär verlor, ärgerte ihn sehr. Und im Laufe des Tages hatte er sich wieder und wieder die Frage vorgelegt, die ihm der Baron gestellt hatte – ob er überzeugt sei, daß seine Tochter als Fürstin Nordheim glücklich werden würde.

Jedenfalls war er weder mit sich noch mit der Welt so recht zufrieden. Da aber der Baron und Margot in desto glückseligerer Stimmung waren, gelang es ihnen bald, den alten Herrn aufzuheitern. Er knurrte erst ein wenig über die Notwendigkeit, seinen tüchtigen Sekretär zu entlassen, aber dann wurde er ganz vergnügt, weil die beiden jungen Leute es waren.

Am Ziel angelangt, half der Baron Margot beim Aussteigen, und wieder tauschten sie verstohlen einen warmen Händedruck.

Sie begaben sich nun in das fast nur von Lebemännern und galanten Damen besuchte Weltstadtlokal und wurden von diskret blickenden Kellnern in die vom Baron bestellte Loge Nummer acht geführt.

Herr Hartmann sah den Baron forschend von der Seite an. »Lieber Baron – haben Sie sich auch nicht in der Wahl dieses Lokals vergriffen? Mir scheint wenigstens, als passe meine Tochter nicht so recht in diese Umgebung.«

»Sie dürfen nicht vergessen, Herr Hartmann, daß die Baronin Oldenau unter meinem und Ihrem Schutz hier weilt und nur mit uns in einer separaten Loge soupieren wird.«

»Nun gut, ich muß Sie wohl gewähren lassen.«

Die Loge, die sie betraten, wirkte wie ein kleines, ganz abgeschlossenes Zimmer. In der Mitte standen um einen runden Tisch – der von einer elektrischen Lampe mit rotem Seidenschirm magisch beleuchtet war – bequeme Sessel. In einer Ecke stand ein Diwan, in der anderen ein Kredenztisch und ein Kleiderständer.

Die Logen waren nach einem großen, saalartigen Raum hin geöffnet, in dem an gedeckten Tischen eine bunte Gesellschaft Platz genommen hatte, um zu speisen. Ein dunkelroter Vorhang schloß aber die Logenöffnung nach dem Saal zu völlig ab. Man konnte ihn nach Belieben auf- oder zuziehen.

Eine Musikkapelle spielte unten im Saal sehr diskret, so daß man dadurch nicht in der Unterhaltung gestört wurde und doch nach Belieben dem Konzert lauschen konnte. Herr Hartmann trat an die Logenbrüstung, öffnete den Vorhang ein wenig und sah hinab. Aber sofort zog ihn der Baron zurück und schloß den Vorhang wieder.

»Ich möchte Sie bitten, sich von niemand sehen zu lassen.«

Achselzuckend wandte sich der alte Herr nach ihm um. »Wenn ich nur wüßte, Baron, was Sie eigentlich mit uns vorhaben?«

»Sie werden bald alles verstehen, Herr Hartmann.«

»Na, wenn ich Sie nicht als einen unbedingten Ehrenmann kennengelernt hätte, könnte mir beinahe ein wenig bange werden.«

Der Baron nahm seiner jungen Frau den Pelzmantel ab. Sie sah sich ein wenig erstaunt in der Loge um. Dann lächelte sie den Vater an.

»Ich bin gar nicht bange, Papa, und ich finde es hier sehr hübsch«, sagte sie.

Man nahm um die gedeckte Tafel Platz. Baron Oldenau lauschte zur Loge Nummer neun hinüber. Da war noch alles ruhig. Aus der Loge Nummer sieben klang ein girrendes Frauenlachen und der sonore Ton einer Männerstimme. Margots Augen leuchteten wie im Fieber. Sie war erregter, als sie zeigen wollte. Ihre Wangen glühten, und sie zuckte zusammen, als der Baron unter dem Tisch verstohlen ihre Hand preßte.

Einen Moment sahen sie sich strahlend in die Augen, dann plauderten sie im ruhigen, heiteren Ton miteinander.

Der Kellner begann, das bestellte Souper zu servieren. Es war ein auserlesenes Menü, und der Wein, der dazu gereicht wurde, war erstklassig. Lachend sah Herr Hartmann den Baron an.

»Alle Achtung, Baron! Sie verstehen es, Ihre Gäste zu bewirten.«

Der Baron verneigte sich.

Der alte Herr wurde sehr vergnügt.

»Wissen Sie, Baron, es ist hier ganz behaglich. Ich bedaure nicht, Ihre Einladung angenommen zu haben. Ich muß gestehen, daß ich sehr neugierig bin, was Sie mit diesem Abschiedssouper bezwecken«, sagte er und summte leise die Melodie mit, die von der Musik gespielt wurde.

»Sie werden es bald wissen, Herr Hartmann«, erwiderte der Baron.

Herr Hartmann hob schalkhaft drohend den Finger. »Na, irgend etwas Besonderes haben Sie doch mit uns im Sinn!«

Wieder verneigte sich der Baron. »Sie haben es erraten. Nur noch ein Weilchen Geduld. Dann werden Sie erfahren, warum ich meine Einwilligung zu dieser Ehe mit Ihrer Tochter nur unter der Bedingung gab, daß Sie mich hierherbegleiten.«

Der Kellner servierte schnell und gewandt, und als er das Dessert aufgetragen und die Gläser mit perlendem Sekt gefüllt hatte, zog er sich auf einen leisen Wink des Barons diskret zurück.

Gleich darauf vernahm der unruhig lauschende Baron, daß drüben in Loge neun die Tür geöffnet wurde und jemand eintrat. Der Baron beugte sich zu Herrn Hartmann hinüber, nachdem er einen bedeutsamen Blick mit Margot getauscht hatte, und flüsterte ihm zu:

»Ich möchte Sie bitten, von jetzt an ganz leise zu sprechen, damit Sie nicht in der Nebenloge gehört werden. Außerdem bitte ich Sie, genau darauf zu achten, was da drüben gesprochen wird und was vorgeht.«

Verwundert sah ihn der alte Herr an.

Aber in den Augen des Barons lag ein dringendes Flehen, und Herr Hartmann erwiderte leise:

»Was Sie vorhaben, weiß ich nicht. Aber ich werde Ihnen meine Dankbarkeit dadurch beweisen, daß ich Ihnen blindlings gehorche.«

»Ich danke Ihnen und bitte Sie nochmals, achten Sie genau auf das, was da drüben geschieht. Einzig zu diesem Zweck habe ich Sie und die gnädige Baronin hierhergeführt.«

Der alte Herr stutzte. Aber ehe er noch etwas erwidern konnte, vernahm er plötzlich aus der Nebenloge die etwas näselnde Stimme des Fürsten Nordheim, die mit ihrem wienerisch gefärbten Dialekt nicht zu verkennen war.

»Also, mein lieber Herr von Goltzin, Sie haben die Sache grandios arrangiert! Es freut mich, daß Sie mir heute abend das Vergnügen machen. Wir müssen doch den günstigen Abschluß dieses Tages gehörig feiern. Ein halbes Stündchen haben wir halt noch zum Plauschen. Die Damen kommen doch erst nach Theaterschluß, sie müssen halt erst aus den Trikots schlüpfen. Und meine Freunde kommen auch nicht früher.

Sie sollen heut' ein fesches Weib kennenlernen ... Rasse bis in das kleine Fußerl hinab ... momentan meine Favoritin. — Na, was wollen Sie, Verehrtester, man muß sich halt doch noch ein bisserl austoben, bevor man in den heiligen Ehestand tritt!«

Herr Hartmann machte große Augen und wollte aufspringen, aber der Baron legte ihm die Hand auf den Arm und drückte den Finger beschwörend an den Mund, zum Zeichen des Schweigens. Da sank der alte Herr in seinen Sessel zurück und lauschte weiter.

Drüben antwortete Herr von Goltzin mit einem häßlichen

Lachen: »Nun, nun, Durchlaucht werden auch als Ehemann kein Klosterleben führen!«

»Aber mein Verehrtester, das ist natürlich nicht meine Absicht! Wozu heiratet man so eine kleine, langweilige Dollarprinzessin mit einem bürgerlichen Namen? Doch nur, um von dem Herrn Papa den nötigen Mammon zu bekommen, mit dem man ein flottes Leben führen kann. Geld braucht man halt, um das Leben genießen zu können. Die feschen Weiberln sind teuer.

Aber die Nelly ist ein süßer Racker! Und sie freut sich schon darauf, wenn ich den Dollarpapa gründlich zur Ader lasse. Einen feschen Dogcart hab' ich ihr versprochen, wenn ich erst die Mitgift hab'. Also die Chose mit der Scheintrauung ist glücklich vonstatten gegangen?«

»Ja, es hat alles geklappt, Durchlaucht.«

»Famos! Sie sind halt ein Genie, Verehrtester! Wie Sie das alles eingefädelt haben ... großartig! Und nun betreiben Sie auch die Scheidung recht flott, damit ich so schnell wie möglich in rangierte Verhältnisse komme.«

»Es wird alles glatt und schnell geordnet werden.«

»Da schau her! Sie sind eine Perle, Verehrtester. Wissen Sie, es eilt mir halt nicht, die kleine Dollarprinzeß heimzuführen. Sie ist ja ganz hübsch, aber nix für unsereinen. Man ist doch verwöhnt!

Die Nelly, zum Beispiel, fesch ... ein Racker, aber ein süßer. Und geht mit mir über Hecken und Zäune. Na, es ist halt so, die anständigen Frauen sind alle langweilig. Amüsant sind nur die anderen, an die muß man sich halten. Und der Dollarpapa wird's zahlen.

Aber was ich Ihnen noch sagen wollte, mein lieber Herr von Goltzin, dafür müssen's mir noch sorgen, daß mir der Dollarpapa aus dem Wege kommt. Ich hab' weiß Gott schon an der Tochter genug. Der Vater muß aus dem Wege.«

»Das wird schwer sein, Durchlaucht. Er will partout in der

Nähe seiner Tochter bleiben und träumt davon, sich auf ihren zurückgekauften Gütern unter einem Dach mit seiner Tochter idyllisch einzurichten.«

»Ach, da schau her! Jagen Sie mir keinen Schrecken ein, Verehrtester! Nein, nein, daran ist nicht zu denken. Das müssen Sie diplomatisch einfädeln, so auf die Art, wie wir ihm die Scheinehe aufgeredet haben. Sagen Sie ihm, was Sie wollen. Es ist halt ganz ausgeschlossen, daß dieser Plebejer mit meiner Mutter in Berührung kommt. Sie bekommt sonst Zustände.

Wir müssen ihn sogar, wenn es irgend angeht, von der Trauung fernhalten. Man muß ihm halt klarmachen, daß der bürgerliche Herr Hartmann nicht der Vater der Baronin Oldenau sein kann. Vorläufig vertröstet man ihn halt bis nach der Hochzeit ... sagen Sie ihm, es sei wegen der Hoffähigkeit seiner Tochter nötig, daß er sich zurückhält. Auf den Köder beißt er an.

Und dann müssen Sie ihn mir ganz aus der Nähe graulen. Solche Plebejer haben eine unangenehme Art, einem auf die Finger zu sehen und nachzurechnen, was man ausgibt. Das kann ich nicht brauchen. Ich hab' auch schon reichlich genug mit der Tochter. Seien Sie so gut! Also den Vater graulen Sie mir aus der Nähe.«

»Das wird sich sehr schwer machen lassen, Durchlaucht.«

»Ach, ich verlaß mich auf Ihr Genie! Es soll Ihr Schaden nicht sein, Herr von Goltzin. Ich verspreche Ihnen noch 10 000 Mark mehr als bisher. Sie begreifen doch, daß der Alte nicht in den Rahmen paßt, in den er sich mit seiner Tochter hineindrängen will. Solche Leut' haben halt kein Feingefühl.«

»Nun, ich will sehen, was ich tun kann, Durchlaucht.«

»Gut, gut! Und nun nix mehr von dem unangenehmen Thema ... Ich höre die Damen kommen und will mich amüsieren.

Servus, Nelly, gib das süße Goscherl her ... ach Kinderl, heut' wollen wir in Schampus schwimmen und vergnügt sein. Die Dollars sollen fließen. Das gibt eine Gaudi!«

Frauenstimmen und gleich darauf andere Männerstimmen klangen ins Gespräch. Es gab da drüben anscheinend äußerst intime Begrüßungsszenen. Da erhob sich Baron Oldenau mit einem Ruck und sah Herrn Hartmann fest in das seltsam blasse Gesicht.

»Haben Sie genug gehört, Herr Hartmann, oder wünschen Sie noch mehr zu hören? Aus Rücksicht auf die gnädige Baronin dürfte es jetzt ratsam sein, diese Loge zu verlassen. Ohne zwingende Notwendigkeit soll sie nicht länger Zeuge dieses Tones sein, der in Fürst Nordheims Gesellschaft meistens angeschlagen wird. Ein Zufall hat es gefügt, daß Sie schneller und prompter orientiert wurden, als ich zu hoffen wagte.«

Mit einem sonderbaren Blick sah der alte Herr erst auf seine Tochter, dann zu dem Baron empor. In seinen Augen leuchtete heißer Zorn. Aber er ließ sich nicht davon fortreißen. Langsam und ein wenig schwerfällig erhob er sich.

»Ich habe genug gehört, Baron ... und es scheint, daß ich Ihnen noch viel mehr Dank schuldig geworden bin. Lassen Sie uns gehen.«

Der Baron klingelte und beglich die Rechnung. Er hatte einen ernsten, tiefen Blick mit seiner Frau gewechselt und legte ihr nun den Mantel um. Sie ergriff seine Hände nicht mehr so verstohlen wie vorher, sondern so, daß der Vater es sehen konnte, und drückte sie fest in den ihren.

»Hoch! Hoch! Der Dollarpapa soll leben!« kreischte drüben eine Frauenstimme und sang dann ein Chanson mit nicht sehr gewähltem Inhalt. Die Gläser klangen aneinander.

Da reckte sich Herr Hartmann hoch auf und ballte seine Fäuste, die er drohend nach der Logenwand hin hob. Dann drehte er sich rasch um und verließ die Loge.

Der Baron reichte seiner Frau den Arm. Als sie ihre Hand hineinlegte, drückte er sie fest an sich und flüsterte zärtlich: »Liebling, was wird nun werden?«

Sie sah zu ihm auf. »Der Fürst hat uns, ohne es zu wollen

und zu wissen, einen großen Dienst erwiesen. Nun überlaß alles andere mir, laß mich ruhig gewähren«, sagte sie leise und zog ihn mit sich fort. Nach wenigen Minuten saßen die drei wieder in einem Mietauto und fuhren zur Villa Hartmann zurück.

Herr Hartmann saß schweigend in die Kissen zurückgelehnt, und im Schein der Laternen, die in den Wagen hineinblitzten, sah der Baron, daß Margots Vater die Lippen fest zusammengepreßt hatte.

Margot saß schweigend neben ihm, und der Baron saß ihr gegenüber. Beseligt fühlte er die Spitze ihres kleinen Fußes auf dem seinen. Das war das einzige Zeichen des Einverständnisses, das sie austauschen konnten.

Es wurde auf der ganzen langen Fahrt kein Wort gewechselt. Erst als der Wagen vor dem Portal der Villa hielt, sagte der alte Herr, aus seinem Brüten auffahrend:

»Haben Sie noch eine Stunde Zeit für uns, Baron?«

»So lange Sie wollen, Herr Hartmann.«

»Dann treten Sie bitte ein und leisten uns noch eine Weile Gesellschaft. Ich möchte noch etwas mit Ihnen besprechen.«

Sie stiegen aus und betraten das Vestibül. Der Diener, der etwas verschlafen aussah, meldete, daß die Hausdame bereits zu Bett gegangen sei.

»Wir bedürfen ihrer nicht. Bringen Sie Sekt und Gläser in den kleinen Salon neben dem Speisesaal«, erwiderte Herr Hartmann.

Der Diener eilte davon.

Inzwischen hatte der Baron Margot ihren Pelzmantel abgenommen und selbst abgelegt. Der große Spiegel warf das Bild des eleganten jungen Paares zurück. Auch Herr Hartmann hatte abgelegt.

Nun betraten die Herrschaften den kleinen Salon. Es blieb still zwischen ihnen, bis der Diener sich entfernt hatte. Der alte Herr war inzwischen schweigend auf und ab gegangen, während das junge Paar Auge in Auge versunken dasaß.

Nun füllte Herr Hartmann die Gläser und sagte mit verhaltenem Groll in der Stimme: »So, Baron, nun haben Sie bitte die Güte und sagen uns, was Sie weiter von dem Fürsten wissen. Meine Tochter soll wissen, was für ein alter Esel ihr Vater ist, weil er glaubte, ihr Glück damit begründen zu können, daß er sie mit einer so sauberen Durchlaucht vermählen wollte.«

Der Baron atmete auf. »Ich brauche nichts mehr zu berichten, Herr Hartmann. Der Zweck meines Abschiedssoupers ist erreicht, Sie wissen nun, weshalb ich Sie dahin führte. Ich kenne den Fürsten von früher schon als einen Mann, der ein sehr zügelloses Leben führt und einen niedrigen Charakter hat. Und ich wußte auch, daß er gesonnen war, dieses Leben nach seiner Verheiratung fortzuführen, vielleicht in noch schlimmerem Maße als bisher.«

Herr Hartmann sah seine Tochter an und faßte in jäher Angst nach ihrer Hand. »Mein armes Kind! Wie mag es in dir aussehen? Du wirst deinem törichten Vater zürnen, daß er so eine schlechte Wahl für dich traf. Wenn ich bedenke, daß ich dich dieser Durchlaucht ausgeliefert hätte ... ganz kalt läuft es mir den Rücken herunter!«

Margot umfaßte die Schultern ihres Vaters. »Sei ruhig, Papa, ich wäre niemals die Gattin des Fürsten geworden. Ich hatte nur noch nicht den Mut gefunden zu gestehen, daß ich einen anderen liebe und nicht dem Mann angehören wollte, den du mir ausgesucht hast.«

Erstaunt blickte der Vater seine Tochter an. »Aber mein Gott, Margot, weshalb gingst du dann so ohne weiteres darauf ein, diese Scheinehe mit dem Baron zu schließen? Das wäre doch dann gar nicht nötig gewesen?«

Margot richtete sich auf und sah auf ihren Vater nieder. »Es war aus einem anderen Grunde nötig, Papa.«

Er schüttelte verständnislos den Kopf. »Aus einem anderen Grunde?«

»Ja. Du hast mir an jenem Tage, an dem du mich zum Eingehen auf diese Scheinehe bestimmtest, gesagt: Man ist berechtigt und verpflichtet, seinem Lebensglück mit allen Mitteln nachzustreben, solange man sie vor sich selbst verantworten kann. Ich erwiderte dir darauf, daß ich diesen Rat befolgen würde. Und das tat ich denn auch, indem ich einwilligte, Baron Oldenaus Frau zu werden.«

»Aber was hat denn das mit deinem Glück zu tun?« fragte er verständnislos.

Sie umarmte ihn wieder. Ein weiches Lächeln lag um ihren Mund, und ihre Augen glänzten feucht.

»Alles hat es damit zu tun, mein lieber, lieber Papa! Denn daß du es nur weißt: dieser Baron Oldenau, der uns hier gegenübersitzt und uns mit so großen, ernsten Augen ansieht, das ist der Mann, den ich liebe und von dem ich nie, niemals lassen werde, weil er mich in gleicher Weise wiederliebt.«

Der alte Herr fuhr auf. »Was ist das? Das verstehe ich nicht! Was ist denn da hinter meinem Rücken vorgegangen?«

Margot hielt ihn fest. »Du sollst alles ganz genau erfahren, Papa. Sieh nur nicht so drohend auf meinen Mann, denn das ist und bleibt er. Ich habe mir mein Glück selbst eingefangen und festgehalten. Er hat es genausowenig gewußt wie du, daß ich mich mit dem festen Vorsatz mit ihm trauen ließ, eine echte und richtige Ehe mit ihm einzugehen. Denn mit einer Scheinehe hätte ich mich nie einverstanden erklärt, auch wenn ich den Fürsten geliebt hätte.

Wäre ihm Margot Hartmann zur Frau nicht gut genug gewesen, wäre ich die Ehe mit ihm eben nicht eingegangen. Denn ich bin viel zu stolz auf den Namen meines Vaters.«

Herr Hartmann schlug die Augen vor seiner Tochter nieder und sagte dann drängend: »Jetzt erkläre mir, wie das alles kam.«

Sie drückte ihn sanft in seinen Sessel nieder und erzählte ihm ausführlich, was sich zwischen ihr und dem Baron zugetragen hatte.

Der alte Herr hörte aufmerksam zu. Als Margot geendet hatte, trat sie an die Seite des Barons, legte ihren Arm um seine Schultern und sagte aufatmend:

»So, Papa, nun weißt du alles und nun sieh uns an und sage uns, ob du den Mut hast, das Glück deiner Tochter zu zerstören. Sieh den Mann an, den sich mein Herz erkoren hat, und sage mir, ob er nicht weit über dem Fürsten Nordheim steht. Und bedenke, daß er dir in seiner stolzen Rechtlichkeit selbst lieb geworden ist, daß du dich nur ungern von ihm getrennt hättest.

Bedenke auch, daß er ganz gewiß nicht von dir eine Trennung von deiner Tochter fordern wird, denn er hält dich hoch in seinem Herzen, wenn du auch nur der Sohn eines Arbeiters bist. Er ist ein wirklicher Aristokrat ... ein Aristokrat des Herzens, und nur an seiner Seite werde ich ein reiches, volles Glück finden.«

Herr Hartmann saß noch eine ganze Weile dem jungen Paar gegenüber und sah es mit unsicheren Augen an. Und langsam legte sich, als er in die beiden jungen Gesichter sah, ein feuchter Schleier über seine Augen. Er blickte den Baron ernst an und sagte mit vor Erregung bebender Stimme: »Nun, Baron? Nun reden Sie! Margot hat mir alles gesagt, was sie auf dem Herzen hat. Ich möchte nun auch Ihre Ansicht über die Angelegenheit hören.«

Der Baron löste sanft Margots Arm von seinen Schultern und küßte ihre Hand. Dann erhob er sich und trat vor den alten Herrn hin.

»Ich habe dem allem nichts weiter hinzuzufügen, als daß ich Ihre Tochter liebe von ganzem Herzen und von ganzer Seele und daß ihr Glück mir mehr gilt als das meine. Ich hätte nie gewagt, um ihre Hand anzuhalten, trotzdem ich sie liebe. Aber da sie nun ihre Hand vertrauensvoll in die meine gelegt hat und sie mir lassen will für alle Zeit, gebe ich sie jetzt nicht mehr frei.«

Der alte Herr verbarg seine Rührung hinter einem strengen Gesicht. »Und wenn ich meine Einwilligung versage?«

»Auch dann werde ich Margot nicht wieder freigeben.«

»Sie haben mir aber doch ehrenwörtlich versprochen, sofort nach der Trauung in die Scheidung einzuwilligen!«

»Ganz recht, einzuwilligen. Aber ich habe nicht versprochen, eine Scheidung zu *beantragen.* Und das werde ich genausowenig tun, wie Margot es tun wird.«

Es zuckte in dem Gesicht des alten Herrn, aber er behielt seine strenge Miene noch immer bei.

»Und wenn ich nun meine Tochter enterbe, wenn sie die Scheidung von Ihnen nicht beantragt?«

Der Baron sah mit leuchtenden Augen zu seiner jungen Frau hinüber. »Dann wird ihre Liebe groß genug sein, um Margot zu bewegen, sich an meiner Seite mit bescheidenen Verhältnissen zu begnügen.«

»Aha, eine Hütte und ein Herz! Und Ihre Liebe ist groß genug, daß Sie auf jede Mitgift verzichten?«

Stolz richtete sich der Baron auf. »Darauf müßte ich Ihnen gar nicht antworten. So weit dürften Sie mich doch wohl kennen, Herr Hartmann, daß Sie wissen müßten, daß ich kein Mitgiftjäger bin! Margots Glück ist das meine und ist mir nicht feil um alle Schätze der Welt. Wenn mich Ihre Drohung schrecken könnte, wäre es nur um Margots willen. Es wäre mir schmerzlich, sie in sorgenvolle Verhältnisse verpflanzen zu müssen.«

Da faßte der alte Herr mit festem, warmem Druck die Hand des Barons und führte ihn zu seiner Tochter hinüber. Er legte seine Hand in die ihre.

»Ich wollte euch nur ein wenig bange machen. Lieber Baron ... nein, mein lieber Sohn, mache meine Margot glücklich, das ist alles, was ich von dir verlange. Und laß mir für den Rest meiner Tage die Freude, mich an eurem Glück sonnen zu dürfen.«

Das junge Paar fiel sich in die Arme und küßte sich, daß Herr Hartmann seine Freude daran hatte. Und dann bekam er auch sein Teil an dankbarer Zärtlichkeit.

Stundenlang saßen die drei glücklichen Menschen an dem Abend noch beisammen und besprachen noch mancherlei von Wichtigkeit.

Dann entfernte sich der Baron nach innigem Abschied von seiner jungen Frau, um für heute zu seiner Mutter zurückzukehren.

Wenige Tage später fand auch die kirchliche Trauung des jungen Paares statt, und zwar in aller Stille. Außer Herrn Hartmann und der Baronin Oldenau, die von ihrer reizenden Schwiegertochter aufrichtig entzückt war, wohnte niemand dieser stillen Hochzeitsfeier bei.

Als die Vermählung publiziert wurde, glaubten alle, die davon hörten, diese stille Hochzeitsfeier sei eine Kaprice der »Dollarprinzeß«. Niemand außer den Beteiligten ahnte etwas von der Geschichte, die dieser Verbindung vorangegangen war.

Gleich nach der Hochzeit ging das junge Paar längere Zeit auf Hochzeitsreise. Herr Hartmann ließ inzwischen in seiner Villa einige kleine Veränderungen vornehmen, damit sie zur Aufnahme des jungen Paares bereit war.

Auch hatte er verschiedene Besprechungen mit der Baronin Oldenau, und schließlich unternahm er mit ihr eine kurze Reise. Das Ergebnis dieser Reise wurde vorläufig geheimgehalten.

Am Morgen nach dem Abend, da das Souper in Loge Nummer acht stattgefunden und Herrn Hartmann die Augen über den wahren Wert des Fürsten Nordheim geöffnet worden waren, hatte der alte Herr an den Fürsten mit inniger Befriedigung geschrieben:

Euer Durchlaucht gestatten mir mitzuteilen, daß meine Tochter für die Ehre, Fürstin Nordheim zu werden, danken muß. Sie will bleiben, was sie mit Euer Durchlaucht gütiger Beiwirkung geworden ist — Baronin Oldenau. Sie ist überzeugt, daß sie an der Seite des Barons Oldenau glücklicher wird, als sie es an Euer Durchlaucht Seite geworden wäre.

Ich habe gestern abend in Loge acht soupiert, direkt neben der von Euer Durchlaucht benutzten Loge neun. Ich konnte mich bei dieser Gelegenheit genau über die Unterschiede zwischen einem Plebejer und einem Aristokraten informieren und habe daher meiner Tochter gern gestattet, ihrem Herzen zu folgen und sich das Glück zu sichern, das sie an der Seite eines echten Aristokraten — eines Aristokraten des Herzens und der Gesinnung — festhalten wird.

Von nun an werden wir uns nichts mehr zu sagen haben, und ich empfehle mich Euer Durchlaucht.

Hochachtungsvoll
Karl Hartmann.

Zu gleicher Zeit mit diesem Schreiben ging eins an den Freiherrn von Goltzin ab. Es lautete:

An den Freiherrn von Goltzin, Berlin.

Hierdurch teile ich Ihnen mit, daß ich Ihrer Dienste in Zukunft nicht mehr bedarf. Meine Tochter dankt für die Ehre, Fürstin Nordheim zu werden, sie wird Baronin Oldenau bleiben. Als Belohnung für Ihre mir geleisteten Dienste streiche ich Ihr Schuldkonto in meinen Büchern und ermächtige Sie außerdem von Seiner Durchlaucht, dem Fürsten Nordheim, die Summe einzufordern, die Sie für ihn bei mir entliehen haben. Ich übertrage hiermit meine Forderung auf Sie. Damit betrachte ich unsere Beziehungen als erledigt für alle Zeit.

Hochachtungsvoll
Karl Hartmann.

Weder der Fürst, noch Herr von Goltzin waren begreiflicherweise sehr erfreut über diese Mitteilungen. Immerhin hatte Herr von Goltzin noch am besten abgeschnitten, wenn auch nicht abzusehen war, ob er je von Seiner Durchlaucht das Geld zurückbekommen würde, das ihm Herr Hartmann übertragen hatte.

Fürst Edgar Nordheim sah nicht sonderlich geistreich aus, als er den Absagebrief des Herrn Hartmann gelesen hatte.

Ah, da schau her! Jetzt ist's aus mit den schönen Millionen. Der Baron Oldenau hat sie mir weggeschnappt. Er ist halt kein Gentleman! Und was fang' ich jetzt an? So eine Partie find' ich nie wieder.

Das hat meine Frau Mutter davon, daß sie darauf bestand, daß dieses bürgerliche Fräulein Hartmann erst einen adligen Namen bekommen sollte. Wo nehme ich nun eine andere reiche Partie her? Der Freiherr muß halt helfen.

So war der Gedankengang des Fürsten.

Und als dann der Freiherr zu ihm kam und ihm die Eröffnung machte, daß er nun sein Gläubiger sei, sagte der Fürst achselzuckend:

»Jetzt strengen Sie nur Ihren Kopf ein wenig an, Verehrtester, daß ich zu einer reichen Partie komme, sonst kann ich Ihnen natürlich das Geld nicht zurückzahlen.«

Als Baron Horst Oldenau in strahlend-glückseliger Stimmung mit seiner jungen Frau von der Hochzeitsreise zurückkam, wurden sie von Herrn Hartmann und der Baronin Oldenau — die sich inzwischen herzlich befreundet hatten — erwartet.

Und als die alten Herrschaften mit dem jungen Paare zusammen bei Tisch saßen, sagte Herr Hartmann zu seinem Schwiegersohn:

»Mein lieber Horst, es ist mir inzwischen durch die Vermittlung deiner lieben Mutter gelungen, deinen Stammsitz Oldenau und noch ein stattliches Stück angrenzenden Landes an mich zu bringen. Das erhält meine Margot als Morgengabe. Ich war mit deiner Mutter dort und habe mir alles angesehen. Ich denke, es wird dir lieb sein, in Oldenau wieder als Herr zu residieren.«

Der Baron war tief ergriffen. Er konnte nicht sprechen und drückte nur krampfhaft die Hand des alten Herrn. Endlich sagte er heiser vor Erregung:

»Lieber Papa, du weißt nicht, was du mir damit für eine Wohltat erwiesen hast. Nun habe ich doch wieder einen Wirkungskreis, in dem ich zeigen kann, daß ich ein tüchtiger Mensch bin.«

Der alte Herr lachte gerührt. »Na also, dann ist ja alles in schönster Ordnung! Aber uns Alte müßt ihr schon mitnehmen, wenn ihr nach Oldenau geht. Wir wollen uns doch am Glücke unserer Kinder erfreuen, nicht wahr, liebe Baronin?«

Horsts Mutter nickte lächelnd. »Wenn es irgend geht?«

Margot sah ihren Vater schelmisch an. »O weh, Papa, wie ist deine Erziehung in Horsts Abwesenheit vernachlässigt worden! Eine Dame ist nie alt, du darfst von unserer lieben Mama nicht mit dieser Bezeichnung sprechen.«

Lächelnd wehrte die Baronin ab. »Ich habe ja graues Haar, mein Kind.«

Herr Hartmann sah sie drollig-kläglich an. »Sehen Sie, liebe Baronin, ich bin wieder ganz verwildert. Einen Erzieher brauche ich wirklich noch immer sehr nötig, wenn ich mich auch ohne Sekretär behelfen könnte. Aber du wirst nun anderes zu tun haben, als deinen Schwiegervater zu erziehen, mein lieber Horst.«

Ehe der Baron antworten konnte, legte die Baronin ihre schmale, feine Hand auf den Arm des alten Herrn. »Übergeben Sie mir dieses Amt, lieber Herr Hartmann, dann bin ich doch auch zu etwas nütze.«

Da beugte sich Herr Hartmann sehr ritterlich über die Hand der alten Dame und küßte sie.

»Einverstanden, ich akzeptiere Sie als Erzieherin. Irgendein deutscher Dichter hat doch gesagt: Willst du genau erfahren, was sich ziemt, so frage nur bei edlen Frauen an. – War es richtig so, Margot?«

Margot küßte ihren Vater herzlich.

»Es war richtig, Papa, das hast du brav behalten.«

»Na also, da bin ich doch noch kein hoffnungsloser Fall! Aber jetzt wollen wir erst einmal anstoßen auf das Glück des Herrn und der Herrin von Oldenau. Möge das alte schöne Herrenhaus von Oldenau nur glückliche Menschen in seinen Mauern beherbergen für die Zukunft.«

»Das walte Gott!« sagte die Baronin feierlich.

Baron Horst und seine junge, schöne Frau sahen sich tief in die Augen und faßten sich fest bei den Händen.

»Recht so, Kinder, haltet euer Glück fest!« rief Herr Hartmann und leerte sein Glas bis zum Grunde.

COURTHS-MAHLER

Bisher sind in unserem Verlag erschienen:

Bestseller	Nr.	11 056	*Durch Liebe erlöst*
Exklusiv	Nr.	12 023	*Das Halsband*
Exklusiv	Nr.	12 054	*Das Erbe der Rodenberg*
Exklusiv	Nr.	12 072	*Die Kriegsbraut*
Exklusiv	Nr.	12 081	*Sag, wo weiltest du so lange*
Palette	Nr.	14 029	*Arme kleine Anni*
Palette	Nr.	14 048	*Eine ungeliebte Frau*
Palette	Nr.	14 056	*Die Adoptivtochter*
Palette	Nr.	14 059	*Wir sind allzumal Sünder*
Palette	Nr.	14 063	*Weit ist der Weg zum Glück*
Palette	Nr.	14 067	*Ihr Reisemarschall*
Corso	Nr.	15 011	*Der Scheingemahl*
Corso	Nr.	15 014	*Rote Rosen*
Corso	Nr.	15 019	*Lena Warnstetten*
Corso	Nr.	15 039	*Die Herrin von Retzbach*
Sonderband	Nr.	10 006	*Ich lasse dich nicht*
Sonderband	Nr.	10 007	*Da sah er eine blonde Frau*
Sonderband	Nr.	10 010	*Wenn Wünsche töten könnten*
Sonderband	Nr.	10 011	*Die Inselprinzessin*
Sonderband	Nr.	10 012	*Unschuldig – schuldig*
Sonderband	Nr.	10 013	*Das Findelkind von Paradiso*
Sonderband	Nr.	10 014	*Ihr Geheimnis*
Sonderband	Nr.	10 015	*Trotz allem lieb' ich dich*
Sonderband	Nr.	10 019	*Heidelerche*
Sonderband	Nr.	10 020	*Das stolze Schweigen*
Sonderband	Nr.	10 021	*Die Herrin von Armada*
Sonderband	Nr.	10 022	*Das ist der Liebe Zaubermacht*
Sonderband	Nr.	10 023	*Ich kann's dir nimmer sagen*
Sonderband	Nr.	10 024	*Die entflohene Braut*
Sonderband	Nr.	10 025	*Deines Bruders Weib*
Sonderband	Nr.	10 035	*Die verstoßene Tochter*
Sonderband	Nr.	10 036	*Des Schicksals Wellen*
Sonderband	Nr.	10 037	*Du bist meine Heimat*
Sonderband	Nr.	10 038	*Nach dunklen Schatten das Glück*
Sonderband	Nr.	10 039	*Nur wer die Sehnsucht kennt*

BASTEI LÜBBE